U0530954

中国文化史导论

钱穆 著

商务印书馆
The Commercial Press

图书在版编目(CIP)数据

中国文化史导论/钱穆著.—北京:商务印书馆,2023
(2025.4 重印)

ISBN 978-7-100-21639-5

Ⅰ.①中… Ⅱ.①钱… Ⅲ.①文化史—研究—中国
Ⅳ.①K203

中国版本图书馆 CIP 数据核字(2022)第 165586 号

权利保留,侵权必究。

中国文化史导论
钱穆 著

商 务 印 书 馆 出 版
(北京王府井大街 36 号 邮政编码 100710)
商 务 印 书 馆 发 行
北京市艺辉印刷有限公司印刷
ISBN 978-7-100-21639-5

2023 年 2 月第 1 版　　开本 880×1230　1/32
2025 年 4 月北京第 3 次印刷　印张 7⅝
定价:48.00 元

弁　言

"文明"、"文化"两辞，皆自西方移译而来。此二语应有别，而国人每多混用。大体文明文化，皆指人类群体生活言。文明偏在外，属物质方面。文化偏在内，属精神方面。故文明可以向外传播与接受，文化则必由其群体内部精神累积而产生。即如近代一切工业机械，全由欧美人发明，此正表显了近代欧美人之文明，亦即其文化精神。但此等机械，一经发明，便到处可以使用。轮船、火车、电灯、电线、汽车、飞机之类，岂不世界各地都通行了。但此只可说欧美近代的工业文明已传播到各地，或说各地均已接受了欧美人近代的工业文明，却不能说近代欧美文化，已在各地传播或接受。当知产生此项机械者是文化，应用此项机械而造成人生的形形色色是文明。文化可以产出文明来，文明却不一定能产出文化来。由欧美近代的科学精神，而产出种种新机械新工业。但欧美以外人，采用此项新机械新工业的，并非能与欧美人同具此项科学精神。再举一例言。电影是物质的，可以很快流传，电影中的剧情之编制，演员之表出，则有关于艺术与文学之爱好，此乃一种经由文化陶冶的内心精神之流露，各地有各地的风情。从科学机械的使用方面说，电影可以成为世界所共同，从文学艺术的趣味方面说，电影终还是各地有区别。这便是文化与文明之不同。

　　各地文化精神之不同，穷其根源，最先还是由于自然环境有分别，而影响其生活方式。再由生活方式影响到文化精神。人类文化，由源头处看，大别不外三型：一、游牧文化，二、农耕文化，三、商业文化。游牧文化发源在高寒的草原地带，农耕文化发源在河流灌溉的平原，商业文化发源在滨海地带以及近海之岛屿。三种自然环境，决定了三种生活方式；三种生活方式，形成了三种文化型。此三型文化，又可分成两类。游牧、商业文化为一类，农耕文化为又一类。

　　游牧、商业起于内不足，内不足则需向外寻求，因此而为流动的，进取的。农耕可以自给，无事外求，并必继续一地，反复不舍，因此而为静定的，保守的。草原与滨海地带，其所凭以为资生之地者不仅感其不足，抑且深苦其内部之有阻害，于是而遂有强烈之"战胜与克服欲"。其所凭以为战胜与克服之资者，亦不能单恃其自身，于是而有深刻之"工具感"。草原民族之最先工具为马，海滨民族之最先工具为船。非此即无以克服其外面之自然而获生存。故草原海滨民族其对外自先即具敌意，即其对自然亦然。此种民族，其内心深处，无论其为世界观或人生观，皆有一种强烈之"对立感"。其对自然则为"天""人"对立，对人类则为"敌""我"对立，因此而形成其哲学心理上之必然理论则为"内""外"对立。于是而"尚自由"，"争独立"，此乃与其战胜克服之要求相呼应。故此种文化之特性常见为"征伐的"、"侵略的"。农业生活所依赖，曰气候，曰雨泽，曰土壤，此三者，皆非由人类自力安排，而若冥冥中已有为之布置妥帖而惟待人类之信任与忍耐以为顺应，乃无所用其战胜与克服。故农耕文化之最内感曰"天人相应"、"物我一体"，曰"顺"曰"和"。其自勉则曰"安分"而"守己"。故此种文化之特性常见为"和平的"。

游牧、商业民族向外争取，随其流动的战胜克服之生事而俱来者曰"空间扩展"，曰"无限向前"。农耕民族与其耕地相连系，胶着而不能移，生于斯，长于斯，老于斯，祖宗子孙世代坟墓安于斯。故彼之心中不求空间之扩张，惟望时间之绵延。绝不想人生有无限向前之一境，而认为当体具足，循环不已。其所想像而蕲求者，则曰"天长地久，福禄永终"。

游牧、商业民族，又常具有鲜明之"财富观"。牛羊孳乳，常以等比级数增加。一生二、二生四、四生八、八生十六。如是则刺激逐步增强。故财富有二特征，一则愈多愈易多，二则愈多愈不足。长袖善舞，多财善贾，商业民族之财富观则更益增强。财富转为珠宝，可以深藏。以数字计，则转成符号。由物质的转成精神的，因此其企业心理更为积极。农人则惟重生产。生产有定期，有定量，一亩之地年收有定额，则少新鲜刺激。又且生生不已，源源不绝，则不愿多藏。抑且粟米布帛，亦不能多藏。彼之生业常感满足而实不富有。合此两点，故游牧、商业文化，常为富强的，而农业文化则为安足的。然富者不足，强者不安，而安足者又不富强。以不富强遇不安足，则虽安足亦不安足，于是人类文化乃得永远动荡而前进。

文化必有刺激，犹如人身必赖滋养。人身非滋养则不能生长，文化非刺激则不能持续而发展。文化之刺激，又各就其个性而异。向前动进的文化，必以向前动进为刺激。战胜克服的文化，必以战胜克服为刺激。富强的文化，必以富强为刺激。然动进复动进，克服复克服，富强益富强，刺激益刺激，而又以一种等比级数的加速为进行，如是则易达一极限。动进之极限，即为此种文化发展之顶点。古代游牧民族，其兴骤，其崩速。近代之商业文化，虽其貌相若与古代之游牧文化大异，而内里精神实出一致，因此此种文化常感摇兀而不安。

"安、足、静、定"者之大敌，即为"富、强、动、进"。古代农耕民族之大敌，常为游牧民族。近代农耕民族之大敌，则为商业民族。然人类生活终当以农业为主，人类文化亦终必以和平为本。故古代人类真诚的文化产生，即在河流灌溉之农耕区域。而将来文化大趋，亦仍必以各自给足的和平为目的。

农业文化有大型、小型之别，又有新农、旧农之别。何谓大型、小型？古代如埃及、巴比仑*等皆小型农国，其内部发展易达饱和点，其外面又不易捍御强暴，因此古代小型农国之文化生命皆不幸而夭折。独中国为古代惟一的大型农国，因此其文化发展，独得绵延迄于四五千年之久，至今犹存，堪为举世农业文化和平文化发展最有成绩之惟一标准。然中国虽以大型农国，幸得捍御游牧文化之侵凌而发展不辍。今日则新的商业文化继起，其特征乃为有新科学新工业之装备，因此中国虽以大型农国对之，不免相形见绌。于是安足者陷于不安足，而文化生机有岌岌不可终日之势。然此非农耕文化不足与商业文化相抗衡。苟使今日之

---

* 巴比仑，今译巴比伦。本书中的专名（人名、地名、术语）及译名悉遵原貌，不作改动。余同。——编者注

农业国家，而亦与新科学新工业相配合，而又为一大型农国，则仍可保持其安足之感。而领导当前之世界和平者，亦必此等国家是赖。

今日具此资格之国家，有美国，有苏联，与中国而三。美、苏皆以大型农国而又有新科学新机械之装配。然其传统文化则未必为农业的。换言之，即未必为和平的。中国则为举世惟一的农耕和平文化最优秀之代表，而其所缺者，则为新科学新机械之装备与辅助。然则中国之改进，使其变为一崭新的大型农国而依然保有其深度之安足感，实不仅为中国一国之幸，抑于全世界人类文化前程以及举世渴望之和平，必可有绝大之贡献。

然中国改进，其事亦不易。使中国人回头认识其已往文化之真相，必然为绝要一项目。中国文化问题，近年来，已不仅为中国人所热烈讨论之问题，抑且为全世界关心人类文化前途者所注意。然此问题，实为一极当深究之历史问题。中国文化，表现在中国已往全部历史过程中，除却历史，无从谈文化。我们应从全部历史之客观方面来指陈中国文化之真相。

首先：应该明白文化之复杂性。

不要单独着眼在枝节上，应放宽胸怀，通视其大体。

第二：则应明白文化之完整性。

人类群体生活之复多性，必能调和成一整体，始有向前之生机。如砌七巧板，板片并不多，但一片移动，片片都得移，否则搭不成样子。中西文化各有体系，举大端而言，从物质生活起，如衣、食、住、行，到集体生活，如社会、政治组织，以及内心生活，如文学、艺术、宗教信仰、哲学思维，荦荦大者，屈指可数。然相互间则是息息相通，牵一发，动全身，一部门变异，其他部门亦必变异。我们必从其复杂的各方面了解其背后之完整性。

第三：要明白文化之发展性。

文化俨如一生命，他将向前伸舒，不断成长。横切一时期来衡量某一文化之意义与价值，其事恰如单提一部门来衡量全体，同样不可靠。我们应在历史进程之全时期中，求其体段，寻其态势，看他如何配搭组织，再看他如何动进向前，庶乎对于整个文化精神有较客观、较平允之估计与认识。

本书十篇，根据上述意见而下笔，这是民国三十年间事。其中一部分曾在《思想与时代》杂志中刊载。当时因在后方，书籍不凑手，仅作一种空洞意见之叙述。此数年来，本想写一较翔实的文化史，但一则无此心情，二则无此际遇，而此稿携行箧中东西奔跑，又复敝帚自珍，常恐散失了，明知无当覆瓿，而且恐怕必犯许多人的笑骂，但还想在此中或可引出一二可供平心讨论之点，因此也终于大胆地付印了。

民国三十七年五月二十九日钱穆在无锡江南大学

修订版序

本书写于民国三十年中、日抗战时期，为余写成《国史大纲》后，第一部进而讨论中国文化史有系统之著作，乃专就通史中有关文化史一端作导论。故此书当与《国史大纲》合读，庶易获得著者写作之大意所在。

本书虽主要在专论中国方面，实亦兼论及中西文化异同问题。迄今四十六年来，余对中西文化问题之商榷讨论屡有著作，而大体论点并无越出本书所提主要纲宗之外。读此书，实有与著者此下所著有关商讨中西文化问题各书比较合读之必要，幸读者勿加忽略。

本书近将重版，余重读全文，略作修饰。又理出民国三十六年写于昆明五华书院之笔记两则附于后。

一九八七年冬钱穆志于外双溪之素书楼时年九十三岁

目　　录

第一章　中国文化之地理背景 …………………………… 1
第二章　国家凝成与民族融和 …………………………… 19
第三章　古代观念与古代生活 …………………………… 36
第四章　古代学术与古代文字 …………………………… 59
第五章　文治政府之创建 ………………………………… 83
第六章　社会主义与经济政策 …………………………… 101
第七章　新民族与新宗教之再融和 ……………………… 117
第八章　文艺美术与个性伸展 …………………………… 137
第九章　宗教再澄清民族再融和与社会文化之再普及与
　　　　再深入 ………………………………………… 156
第十章　中西接触与文化更新 …………………………… 180

附录　中国文化传统之演进 ……………………………… 205
补跋 ………………………………………………………… 228

第一章　中国文化之地理背景

一

中国是一个文化发展很早的国家，他与埃及、巴比仑、印度，在世界史上上古部分里，同应占到很重要的篇幅。但中国因其环境关系，他的文化，自始即走上独自发展的路径。在有史以前，更渺茫的时代里，中国是否与西方文化有所接触，及其相互间影响何如，现在尚无从深论。但就大体言，中国文化开始，较之埃及、巴比仑、印度诸国，特别见为是一种孤立的，则已成为一种明显的事实。

中国文化不仅比较孤立，而且亦比较特殊，这里面有些可从地理背景上来说明。埃及、巴比仑、印度的文化，比较上皆在一个小地面上产生。独有中国文化，产生在特别大的地面上。这是双方最相异的一点。人类文化的最先开始，他们的居地，均赖有河水灌溉，好使农业易于产生。而此灌溉区域，又须不很广大，四围有天然的屏障，好让这区域里的居民，一则易于集中而到达相当的密度，一则易于安居乐业而不受外围敌人之侵扰。在此环境下，人类文化始易萌芽。埃及尼罗河流域，巴比仑美索不达米亚平原，印度印度河流域，莫不如此。印度文化进展到恒河流域，较为扩大，但仍不能与中国相比。中国的地理背景，显然与上述诸国不同。

普通都说，中国文化发生在黄河流域。其实黄河本身并不适于灌溉与交通。中国文化发生，精密言之，并不赖藉于黄河本身，他所依凭的是黄河的各条支流。每一支流之两岸和其流进黄河时雨水相交的那一个角里，却是古代中国文化之摇篮。那一种两水相交而形成的三角地带，这是一个水椏杈，中国古书里称之曰"汭"，汭是在两水环抱之内的意思。中国古书里常称渭汭、泾汭、洛汭，即指此等三角地带而言。我们若把中国古史上各个朝代的发源地和根据地分配在上述的地理形势上，则大略可作如下之推测。唐、虞文化是发生在现在山西省之西南部，黄河大曲的东岸及北岸，汾水两岸及其流入黄河的椏杈地带。夏文化则发生在现在河南省之西部，黄河大曲之南岸，伊水、洛水两岸，及其流入黄河的椏杈地带。周文化则发生在现在陕西省之东部，黄河大曲之西岸，渭水两岸，及其流入黄河的椏杈地带。这一个黄河的大隈曲，两岸流着泾、渭、伊、洛、汾、涑几条支流，每一条支流的两岸，及其流进黄河的三角椏杈地带里面，都合宜于古代农业之发展。而这一些支流之上游，又莫不有高山叠岭为其天然的屏蔽，故每一支流实自成为一小区域，宛如埃及、巴比仑般，合宜于人类文化之生长。而黄河的几个渡口，在今山西省河津、临晋、平陆诸县的，则为他们当时相互交通的孔道。

据中国古史传说，虞、夏文化极相密接，大概夏部族便从洛水流域向北渡过黄河，而与汾水流域的虞部族相接触。其主要的渡口为平陆的茅津渡，稍东的有孟津。周部族之原始居地，据旧说乃自今陕西渭河上流逐步东移。但据本书作者之意见，颇似有从山西汾河下流西渡黄河转到陕西渭河下流之可能。无论如何，周部族在其定居渭河下游之后，常与黄河东岸汾水流域居民交通接触，则为断无可疑之事。因此上述虞夏周三氏族的文化，很早便能融成一体，很难再分辨的了。这可以说是中国古代较为西部的一个文化系统。

中国古代的黄河，流到今河南省东部，一到郑县境，即折向北，经今河南浚县大伾山下，直向北流，靠近太行山麓，到今天津附近之渤海湾入海。在今安阳县（旧彰德府）附近，便有漳水、洹水流入黄河，这里是古代殷、商氏族的政府所在地。他们本由黄河南岸迁来，在此建都，达二百八十年之久。最近五十年内，在那里发掘到许多牛胛骨与龟版，上刻贞卜文字，正为此时代殷商王室之遗物，因此我们对于此一时期中在此地域的商文化，增多了不少新智识。原来的商族，则在今河南省归德附近，那里并非黄河流经之地，但在古代则此一带地面保存很多的湖泽，最有名的如孟诸泽、蒙泽之类。也有许多水流，如睢水、濉水（即涣水）之类。自此（归德）稍向北，到河南中部，则有荥泽、圃田泽等。自此稍东北，山东西部，则有菏泽、雷夏、大野等泽。大抵商部族的文化，即在此等沼泽地带产生。那一带正是古代淮水、济水包裹下的大平原，商代文化由此渐渐渡河向北伸展而至今河南之安阳，此即所谓殷墟的，这可以说是中国古代较为东部的一个文化系统。这一个文化系统，再溯上去，或可发生在中国之极东，燕、齐滨海一带，现在也无从详说了。

但在有史以前很早时期，似乎上述的中国东西两大系统的文化，早已有不断的接触与往来，因此也就很难分辨说他们是两个系统。更难说这两大系统的文化，孰先孰后。

现在再从古代商族的文化地域说起。因为有新出土的甲骨文为证，比较更可信据。那时商王室的政治势力，似乎向西直达渭水流域，早与周部族相接触，而向东则达今山东、河北两省沿海，中间包有济水流域的低洼地带。向东北则直至辽河流域，向南则到淮水流域，向西南则到汉水流域之中游，说不定古代商族的文化势力尚可跨越淮、汉以南，而抵达长江北岸。这些地带，严格言之，早已在黄河流域外，而远在商代早已在中国文化区域里。及到周代兴起，则长江流域、汉水、淮水、济水、辽河诸流域，都成为中国文化区域之一部分，其事更属显明。

我们只根据上文约略所谈，便可见古代中国文化环境，实与埃及、巴比仑、印度诸邦绝然不同。埃及、巴比仑、印度诸邦，有的只藉一个河流和一个水系，如埃及的尼罗河。有的是两条小水合成一流，如巴比仑之底格里斯与阿付腊底河，但其实仍只好算一个水系，而且又都是很小的。只有印度算有印度河与恒河两流域，但两河均不算甚大，其水系亦甚简单，没有许多支流。只有中国，同时有许多河流与许多水系，而且都是极大和极复杂的。那些水系，可照大小分成许多等级。如黄河、长江为第一级，汉水、淮水、济水、辽河等可为第二级，渭水、泾水、洛水、汾水、漳水等则为第三级，此下还有第四级第五级等诸水系，如汾水相近有涑水，漳水相近有淇水、濮水，入洛水者有伊水，入渭水者有沣水、滴水等。此等小水，在中国古代史上皆极著名。中国古代的农业文化，似乎先在此诸小水系上开始发展，渐渐扩大蔓延，弥漫及于整个大水系。我们只要把埃及、巴比仑、印度及中国的地图仔细对看，便知其间的不同。埃及和巴比仑的地形，是单一性的一个水系与单一性的一个平原。印度地形较复杂，但其最早发展，亦只在印度北部的印度河流域与恒河流域，他的地形仍是比较单纯。只有中国文化，开始便在一个复杂而广大的地面上展开。有复杂的大水系，到处有堪作农耕凭藉的灌溉区域，诸区域相互间都可隔离独立，使在这一个区域里面的居民，一面密集到理想适合的浓度，再一面又得四围的天然屏障而满足其安全要求。如此则极适合于古代社会文化之酝酿与成长。但一到其小区域内的文化发展到相当限度，又可藉着小水系进到大水系，而相互间有亲密频繁的接触。因此中国文化开始便易走进一个大局面，与埃及、巴比仑、印度，始终限制在小面积里的情形大大不同。若把家庭作譬喻，埃及、巴比仑、印度是一个小家庭，他们只备一个摇篮，只能长育一个孩子。中国是一个大家庭，他能具备好几个摇篮，同时抚养好几个孩子。这些孩子成长起来，其性情习惯自与小家庭中的独养子不同。这是中国文化与埃及、巴比仑、印度相异原于地理背景之最大的一点。

其次再有一点，则关于气候方面。埃及、巴比仑、印度全都近在热带，全在北纬三十度左右，物产比较丰足，衣食易给，他们的文化，大抵从多量的闲暇时间里产生。只有中国已在北温带的较北地带，在北纬三十五度左右。黄河流域的气候，是不能和埃及、印度相比的，论其雨量，也远不如埃及、印度诸地之丰富。古代中国北部应该和现在的情形相差不远，我们只看周初时代《豳风·七月》诗里所描写那时的节令物产以及一般农民生活，便知那时情形实与现在山西、陕西一带黄河、渭水附近甚相类似。因此中国人开始便在一种勤奋耐劳的情况下创造他的文化，较之埃及、巴比仑、印度之闲暇与富足的社会，又是绝不相似了。

二

根据上述，古代中国因其天然环境之特殊，影响其文化之形成，因有许多独特之点，自亦不难想像而知。兹再约举其大者言之。

第一：古代文化发展，皆在小环境里开始，其缺点在于不易形成伟大的国家组织。独有中国文化，自始即在一大环境下展开，因此易于养成并促进其对于政治、社会凡属人事方面的种种团结与处理之方法与才能。遂使中国人能迅速完成为一内部统一的大国家，为世界同时任何民族所不及。

第二：在小环境里产生的文化社会，每易遭受外围文化较低的异族之侵凌，而打断或阻碍其发展。独有中国文化，因在大环境下展开，又能迅速完成国家内部之团结与统一，因此对于外来异族之抵抗力量特别强大，得以不受摧残，而保持其文化进展之前程，逐渐发展。直至现在成为世界上文化绵历最悠久的国家，又为世界任何民族所不及。

第三：古代文明多在小地面的肥沃区域里产生，因此易于到达其顶点，很早便失却另一新鲜向前的刺激，使其活力无地使用，易于趋向过度的奢侈生活，而招致社会内部之安逸与退化。独有中国文化，因在较苦瘠而较广大的地面产生，因此不断有新刺激与新发展的前途。而在其文化生长过程下，社会内部亦始终能保持一种勤奋与朴素的美德，使其文化常有新精力，不易腐化。直到现在，只有中国民族在世界史上仍见其有虽若陷于老朽，而仍有其内在尚新之气概，此又为并世诸民族所不逮。

因于上述三点，所以中国文化经过二三千年的发展，完成了他的上古史之后，一到秦、汉统一时代，正为中国文化开始走上新环境、新气象之另一进程，渐渐由黄河流域扩展至长江流域的时代。而与他同时的几个文明古国，如埃及、巴比仑、印度等，皆已在世界文化史上开始退出他们重要的地位，而让给其他的新兴民族来扮演另一幕的主角了。

三

若照全世界人类文化已往成绩而论，便只有西方欧洲文化和东方中国文化两大系统，算得源远流长，直到现在，成为人类文化之两大主干。我们不妨乘便再将此两大文化约略作一简单的比较。

欧洲文化的远祖是希腊，希腊文化灿烂时期，正和中国西周乃至春秋、战国时代相平行。但双方有一极大的不同。希腊诸邦，虽则有他们共同的文化，却从没有他们共同的政治组织。希腊永远是一种互相独立的市府政治，每一市府，各成一单位。中国西周乃至春秋时代，虽亦同样有许多国家，每一国家虽则几乎亦同样以一个城市，即中国古书中称为"国"的为中心，但这些国家，论其创始，大体都由一个中央政府，即西周王室所分封，或经西周王室之正式承认。因此西周时代的中国，理论上已是一个统一国家，不过只是一种"封建式的统一"，而非后代郡县式的统一而已。中国此时之所谓"封建"，亦和欧洲中世纪的封建不同。惟其如此，所以一到春秋时代，虽则西周王室东迁，他为中原诸侯共主的尊严早已失去，但还可以有齐桓公、晋文公一辈在列国诸侯中称霸为盟主的起来，代替王室，继续联合和好与统一的工作。这是西方希腊政治所不能完成的。因此西方希腊诸市府，一到中国秦、汉时代，便不免完全为罗马所吞灭，从此西方文化又要走入一新境界。但中国秦、汉时代，却并非如西方般，由外面来了一个新势力，把旧有的中国吞灭，中国秦、汉时代，只是在旧中国的内部，自身有一种改进，由封建式的统一，转变而成"郡县式的统一"，使其统一之性质与功能，益增完密与强固而已。

我们继此可以说到西方罗马与汉代之不同。罗马政府的性质，论其原始也和希腊市府一般。后来逐步向外伸张，始造成一个伟大的帝国。这一个帝国之组织，有他的中心即罗马城，与其四围之征服地。这是在帝国内部显然对立的两个部分。至于中国汉代,其开始并没有一个像希腊市府般的基本中心,汉代的中国,大体上依然承袭春秋、战国时代来,只在其内部组织上,起了一种新变化。这一种变化,即如上节所说,由封建式的统一转变成为郡县式的统一。因此汉代中国,我们只可说他有了一种新组织,却不能说他遇到一个新的征服者。罗马帝国由征服而完成,汉代中国则不然。那时的中国,早已有他二三千年以上的历史,在商、周时代,国家体制早已逐渐完成了。一到汉代,在他内部,另有一番新的政治组织之酝酿与转化。因此在罗马帝国里面,显然有"征服者"与"被征服者"两部分之对立,而在汉代中国,则浑然整然,只是一体相承,并没有征服者与被征服者之区分。西方习惯称罗马为帝国(Empire),汉代中国决不然,只可称为一国家(Nation)。照西方历史讲,由希腊到罗马,不仅当时的政治形态变了,由市府到帝国,而且整个的国家和人民的大传统也全都变了,由希腊人及希腊诸市府变到罗马人与罗马帝国。而那时的中国,则人民和国家的大传统,一些也没有变,依然是中国人和中国,只变了他内部的政治形态,由封建到郡县。

我们再由此说到罗马覆亡后的西方中古时期,和中国汉代覆亡后之魏晋南北朝时期,两者中间仍有显著的不同。罗马覆亡,依然和希腊覆亡一样,是遇到了一个新的征服者,北方蛮族。此后的欧洲史,不仅政治形态上发生变动,由帝国到封建,而且在整个的人民和国家的大传统上也一样的发生变动,由南方罗马人转变到北方日耳曼人,又由罗马帝国转变到中世纪封建诸王国。中国汉代的覆灭,并不是在中国以外,另来了一个新的征服者,而仍然是在中国内部起了一种政治形态之动荡。东汉以后,魏、蜀、吴三国分裂，下及西晋统一，依然可以说是一种政治变动，而非整个民族和国家传统之转移。此后五胡乱华，虽有不少当时称为胡人的乘机起乱，但此等胡人，早已归化中国，多数居在中国内地，已经同样受到中国的教育。他们的动乱，严格言之，仍可看作当时中国内部的一种政治问题和社会问题，而非在中国人民与中国国家之外，另来一个新的征服者。若依当时人口比数论，不仅南方中国，全以中国汉人为主体，即在北方中国，除却少数胡族外，百分之八九十以上的主要户口依然是中国的汉人。当时南方政治系统，固然沿着汉代以来的旧传统与旧规模，即在北朝，除却王室由胡族为之，其一部分主要的军队由胡人充任以外，全个政府，还是胡、汉合作。中国许多故家大族，没有南迁而留在北方的，依然形成当时政治上的中坚势力，而社会下层农、工、商、贾各色人等，则全以汉人为主干。因此当时北朝的政治传统，社会生活，文化信仰，可以说一样承袭着汉代而仍然为中国式的旧传统。虽不免有少许变动，但这种变动，乃历史上任何一个时代所不免。若单论到民族和国家的大传统，文化上的大趋向，则根本并无摇移。

因此西方的中古时代，北方蛮族完全以一种新的民族出现而为此下西方历史之主干，旧的罗马人则在数量上已成被压倒的劣势而逐渐消失。反之，在中国史上，魏晋南北朝时代，依然以旧的中国人为当时政治、社会、文化各部门各方面之主干与中坚。至于新的胡人，只以比较的少数加入活动，如以许多小支流浸灌入一条大河中，当时虽有一些激动，不久即全部混化而失其存在了。这一层是中国魏晋南北朝时代和欧洲中古时期的绝大不同处。

因此西方的中古时期，可以说是一个转变，亦可说是一个脱节，那时的事物，主要的全是新兴的。北方日耳曼民族成为将来历史和文化之主干，这是新兴的。当时所行的封建制度，亦是新兴的。西方的封建，乃罗马政治崩溃后，自然形成的一种社会现象，根本与中国史上西周时代所谓的封建不同。中国的封建制度，乃古代中国统一政治进展中之一步骤、一动象；西方封建，则为罗马政治解消以后一种暂时脱节的现象。那时在西方主持联合与统一工作的，主要者并非封建制度，而为基督教的教会组织。这种教会组织又是新兴的。希腊、罗马和基督教会之三者，成为近代西方文化之三主源。在中国魏晋南北朝时代，虽同样有印度佛教之流入，并亦一时称盛，但在历史影响上，复与西方中古时期的基督教绝然不同。基督教是在罗马文化烂熟腐败以后，完全以新的姿态出现而完成其感化北方蛮族的功能的。但魏晋南北朝时代的中国，则以往传统文化并未全部衰歇。孔子的教训，依然为社会人生之最大信仰与最大归趋，只在那时又新增了一个由印度传来的佛教，而一到唐代以后，佛教也到底与儒教思想相合流相混化。因此我们可以说，在欧洲中古时期，论其民族，是旧的罗马民族衰歇而新的日耳曼民族兴起。在中国则只在旧的中国汉民族里面增加了一些新民族新分子，胡人。论政治，在欧洲中古时期，是旧的罗马统治崩溃，而新的封建社会兴起。在中国则依然是秦、汉的政治制度之沿续，根本上并无多少转换。论文化与信仰，在欧洲中古时期，则由旧的罗马文化转变到新的基督教文化。在中国，则依然是一个孔子传统，只另外又加进一些佛教的成分。却不能说那时的中国，由旧的孔教而变成为新的佛教了。

由此言之，西方的中古时期，全是一个新的转变，而魏晋南北朝时代的中国，则大体还是一个旧的沿袭。那些王朝的起灭和政权之转移，只是上面说的一种政治形态之动荡。若论民族和国家的大传统，中国依然还是一个承续，根本没有摇移。

根据上述，来看近代西方新兴的民族国家，他们在西洋史上，又都是以全新的姿态而出现的。论其民族和国家的大传统，他们复和古代的希腊、罗马不同。但中国史则以一贯的民族传统与国家传统而绵延着，可说从商、周以来，四千年没有变动。所有中国史上的变动，伤害不到民族和国家的大传统。因此中国历史只有层层团结和步步扩展的一种绵延，很少彻底推翻与重新建立的像近代西方人所谓的革命。这是中西两方历史形态一个大不同处，因此而影响到双方对于历史观念之分歧。西方人看历史，根本是一个"变动"，常由这一阶段变动到那一阶段。若再从这个变动观念上加进时间观念，则谓历史是"进步"的，人类历史常由这一时代的这一阶段，进展到另一时代的另一阶段。但中国人看历史，则永远在一个"根本"上，与其说是变动，不如说是"转化"。与其说是进步，不如说是"绵延"。中国人的看法，人类历史的运行，不是一种变动，而是一种转化。不是一种进步，而是一种绵延，并不是从这一阶段变动、进步而达另一阶段，只是依然在这一阶段上逐渐转化、绵延。

变动、进步是"异体的"，转化、绵延则是"同体的"。变动、进步则由这个变成了那个。转化、绵延则永远还是这一个。因此西方人看历史，常偏向于"空间"的与"权力"的"向外伸展"；中国人看历史，常偏向于"时间"的与"生长"的"自我绵延"。西方人的看法,常是"我"与"非我"两个对立。中国人的看法,只有自我一体浑然存在。双方历史形态之不同,以及双方对于历史观念之不同,其后面便透露出双方文化意识上之不同。这一种不同,若推寻根柢,我们依然可以说中西双方全都受着一些地理背景的影响。中国在很早时期,便已凝成一个统一的大国家。在西方则直到近代,由中国人眼光看来,依然如在我们的春秋、战国时代,列国纷争,还没有走上统一的路。

中国历史正因为数千年来常在一个大一统的和平局面之下,因此他的对外问题常没有像他对内问题那般的重要。中国人的态度,常常是反身向着内看的。所谓向内看,是指看一切东西都在他自己的里面。这样便成为自我一体浑然存在。西方历史则永远在列国纷争、此起彼仆的斗争状态之下,因此他们的对内问题常没有像他们对外问题那般的重要,西方人的态度,则常常是向外看的。所谓向外看,是指看一切东西都在他自己的外面,所以成为我与非我屹然对立。惟其常向外看,认为有两体对立,所以特别注意在空间的"扩张",以及"权力"和"征服"上。惟其常向内看,认为只有一体浑然,所以特别注意到时间的"绵延"以及"生长"和"根本"上。

四

其次说到双方经济形态,中国文化是自始到今建筑在农业上面的,西方则自希腊、罗马以来,大体上可以说是建筑在商业上面。一个是彻头彻尾的农业文化，一个是彻头彻尾的商业文化，这是双方很显著的不同点。

依西方人看法，人类文化的进展，必然由农业文化进一步变成商业文化。但中国人看法，则并不如此。中国人认为人类生活，永远仰赖农业为基础，因此人类文化也永远应该不脱离农业文化的境界，只有在农业文化的根本上再加绵延展扩而附上一个工业，更加绵延展扩而又附上一个商业，但文化还是一线相承，他的根本却依然是一个农业。

照西方人看，文化是变动的，进步的，由农到商截然不同。照中国人看，则文化还是根本的与生长的，一切以农为主。这里自然也有地理背景的影响。因为西方文化开始如埃及、巴比仑等，他们本只有一个狭小的农业区，他们的农业文化不久便要达到饱和点，使他们不得不转换方向改进到商业经济的路上去。希腊、罗马乃至近代西方国家莫不如此。在中国则有无限的农耕区域可资发展，因此全世界人类的农业文化，只有在中国得到一个继长增荣不断发展的机会。

中国历史，在很早时期里，便已有很繁荣的商业了。但因中国开始便成为一个统一的大国，因此他的商业常是对内之重要性超过了对外。若西方各国，则常是对外通商的重要性超过了对内。因此双方对商业的看法，也便有异。西方常常运用国家力量来保护和推进其国外商业。中国则常常以政府法令来裁制国内商业势力之过分旺盛，使其不能远驾于农、工之上。因此在西方国家很早便带有一种近代所谓"资本帝国主义"的姿态，在中国则自始到今常采用一种近代所谓"民主社会主义"的政策。

第一章　中国文化之地理背景

再换辞言之，农业文化是自给自足的，商业文化是内外依存的。他是要吸收外面来营养自己的。因此农业文化常觉得内外一体，只求安足。商业文化则常觉彼我对立，惟求富强。结果富而不足，强而不安，因此常要变动，常望进步。农业文化是不求富强但求安足的，因此能自本自根一线绵延。

我们继此讲到科学和工业，科学知识和机械工业在现世界的中国是远为落后的。但中国已往历史上，也不断有科学思想与机械创作之发现，只因中国人常采用的是民主社会主义的经济政策，"不患寡而患不均"。对于机械生产，不仅不加奖励，抑且时时加以禁止与阻抑，因此中国在机械工业一方面，得不到一个活泼的发展。在中国的机械和工业，是专走上精美的艺术和灵巧的玩具方面去了。科学思想在中国之不发达，当然不止此一因，但科学没有实际应用的机会，自为中国科学不发达的最要原因之一。

五

其次我们再说到中西双方对于人生观念和人生理想的异同。"自由"（Liberty & Freedom）一词是西方人向来最重视的。西方全部历史，他们说，即是一部人类自由的发展史。西方全部文化，他们说，即是一部人类发展自由的文化。"人生"、"历史"和"文化"，本来只是一事，在西方只要说到"自由"，便把这三方面都提纲挈领的总会在一处了。在中国则似乎始终并不注重

15

"自由"这个字。西方用来和自由针对的,还有"组织"和"联合"(Organization & Unity)。希腊代表着自由,罗马和基督教会则代表着组织和联合。这是西方历史和西方文化的两大流,亦是西方人生之两大干。我们只把握这两个概念来看西方史,便可一一看出隐藏在西方历史后面的一切意义和价值。

但中国人向来既不注重自由,因此也便不注重组织和联合,因为自由和联合的后面,还有一个概念存在的,这便是"两体对立"。因有两体对立,所以要求自由,同时又要求联合。但两体对立,是西方人注重向外看,注重在空间方面看的结果。是由西方商业文化内不足的经济状态下产生的现象。中国人一向在农业文化中生长,自我安定,不须向外寻求,因此中国人一向注重向内看,注重在时间方面看,便不见有严重的两体对立,因此中国人也不很重视自由,又不重视联合了。中国人因为常偏于向内看的缘故,看人生和社会只是浑然整然的一体。这个浑然整然的一体之根本,大言之是自然、是天;小言之,则是各自的小我。"小我"与"大自然"混然一体,这便是中国人所谓的"天人合一"。小我并不和此大自然体对立,只成为此体之一种根荄,渐渐生长扩大而圆成,则此小我便与大自然融和而浑化了。此即到达天人合一的境界。中国《大学》一书上所说的修身、齐家、治国、平天下,一层一层的扩大,即是一层一层的生长,又是一层一层的圆成,最后融和而化,此身与家、国、天下并不成为对立。这是中国人的人生观。

我们若把希腊的自由观念和罗马帝国以及基督教会的一种组织和联合的力量来看中国史,便得不到隐藏在中国史内面深处的意义与价值。我们必先了解中国人的人生观念和其文化精神，再来看中国历史，自可认识和评判其特殊的意义和价值了。但反过来说，我们也正要在中国的文化大流里来认识中国人的人生观念和其文化精神。

继此我们再讲到中西双方的宗教信仰。西方人常看世界是两体对立的，在宗教上也有一个"天国"和"人世"的对立。在中国人观念里，则世界只有一个。中国人不看重并亦不信有另外的一个天国，因此中国人要求永生，也只想永生在这个世界上。中国人要求不朽，也只想不朽在这个世界上。中国古代所传诵的立德、立功、立言三不朽，便从这种观念下产生。中国人只想把他的德行、事业、教训永远留存在这个世界这个社会上。中国人不想超世界超社会之外，还有一个天国。因此在西方发展为宗教的，在中国只发展成"伦理"。中国人对世界对人生的"义务"观念，反更重于"自由"观念。在西方常以义务与权利相对立，在中国则常以义务与自由相融和。义务与自由之融和，在中国便是"性"（自由）与"命"（义务）之合一，也便是"天人合一"。

西方人不仅看世界常是两体对立，即其看自己个人，亦常是两体对立的。西方古代观念，认人有"灵魂""肉体"两部分，灵魂部分接触的是理性的"精神世界"，肉体部分接触的是感官的"物质世界"。从此推衍，便有西方传统的"二元论"的哲学思想。而同时因为西方人认为物质世界是超然独立的，因此他们才能用纯客观的态度来探究宇宙而走上科学思想的大园地。中国人则较为倾向"身心一致"的观念，并不信有灵肉对立。他看世界，亦不认为对我而超然独立，他依然不是向外看，而是向内看。他认为我与世界还是息息相通，融为一体。儒家思想完全以"伦理观"来融化了"宇宙观"，这种态度是最为明显了。即在道家，他们是要摆脱儒家的人本主义，而从宇宙万物的更广大的立场来观察真理的，但他们也依然保留中国人天人合一的观点，他们并不曾从纯客观的心情上来考察宇宙。因此在中国道家思想里，虽有许多接近西方科学精神的端倪，但到底还发展不出严格的西方科学来。

以上所述，只在指出中西双方的人生观念、文化精神和历史大流，有些处是完全各走了一条不同的路。我们要想了解中国文化和中国历史，我们先应该习得中国人的观点，再循之推寻。否则若从另一观点来观察和批评中国史和中国文化，则终必有搔不着痛痒之苦。

第二章　国家凝成与民族融和

我们要讲述中国文化史，首先应该注意两事。

第一是中国文化乃由中国民族所独创，换言之，亦可说是由中国国家所独创。"民族"与"国家"，在中国史上，是早已"融凝为一"的。

第二事由第一事引申而来。正因中国文化乃由一民族或一国家所独创，故其"文化演进"，四五千年来，常见为"一线相承"，"传统不辍"。只见展扩的分数多，而转变的分数少。

由第一点上，人们往往误会中国文化为单纯。由第二点上，人们又往往误会中国文化为保守。其实中国文化，一样有他丰富的内容与动进的步伐。

一

现在先说到中国民族，这在古代原是由多数族系，经过长时期接触融和而渐趋统一的。迨其统一完成之后，也还依然不断的有所吸收融和而日趋扩大。这仍可把上章所述的河流为喻。中国民族譬如一大水系，乃由一大主干逐段纳入许多支流小水而汇成一大流的。在历史上约略可分成四个时期。

第一期：从上古迄于先秦。这是中国民族融和统一的最先基业之完成。在此期内，中国民族即以华夏族为主干，而纳入许多别的部族，如古史所称东夷、南蛮、西戎、北狄之类，而融和形成一个更大的中国民族，这便是秦、汉时代之中国人了。亦因民族融和之成功，而有秦、汉时代之全盛。

第二期：自秦、汉迄于南北朝。在此期内，尤其在秦、汉之后，中国民族的大流里，又容汇许多新流，如匈奴、鲜卑、氐、羌等诸族，而进一步融成一个更新更大的中国民族，这便是隋、唐时代的中国人了。这又因民族融和之成功，而有隋、唐时代之全盛。

第三期：自隋、唐迄于元末。在此期内，尤其在隋、唐以后，又在中国民族里汇进许多新流，如契丹、女真、蒙古之类，而再进一步形成明代之中国人。这里第三次民族融和之成功，因而有明代之全盛。

第四期：直自满洲入关至于现代，在中国民族里又继续融和了许多新流，如满洲、羌、藏、回部、苗、瑶等，此种趋势，尚未达到一止境。这一个民族融和之成功，无疑的又将为中国另一全盛时期之先兆。

上面四个段落，仅是勉强划分以便陈说。其实中国民族常在不断吸收，不断融和，和不断的扩大与更新中。但同时他的主干大流，永远存在，而且极明显的存在，并不为他继续不断地所容纳的新流所吞灭或冲散。我们可以说，中国民族是禀有坚强的持续性，而同时又具有伟大的同化力的。这大半要归功于其民族之德性与其文化之内涵，关于这一层，我们在下面将络续申述。

二

其次说到国家，中国人很早便知以一民族而创建一国家的道理，正因中国民族不断在扩展中，因此中国的国家亦随之而扩展。中国人常把民族观念消融在人类观念里，也常把国家观念消融在天下或世界的观念里。他们只把民族和国家当作一个文化机体，并不存有狭义的民族观与狭义的国家观，"民族"与"国家"都只为文化而存在。因此两者间常如影随形，有其很亲密的联系。"民族融和"即是"国家凝成"，国家凝成亦正为民族融和。中国文化，便在此两大纲领下，逐步演进。

就西方而言，希腊人是有了民族而不能融凝成国家的，罗马人是有了国家而不能融凝为民族的。直到现在的西方人，民族与国家始终未能融和一致。中国史上的"民族融和"与"国家凝成"之大工程，很早在先秦时代已全部完成了。而且又是调和一致了。我预备在本章里约略叙述其经过。但在此有一事，须先申述。中国民族是对于人事最具清明的头脑的，因此对历史的兴趣与智识亦发达甚早。远在西元前八百四十一年，即中国西周共和元年以来，中国人便有明确的编年史，直到现在快近三千年，从未间缺过。即在此以前，中国也有不少古籍记载，保存到现在。而且此等古籍，早已对历史与神话有很清楚的分别。因此中国古史传说，虽也不免有些神话成分之羼杂，但到底是极少的。我们现在叙述中国古代，也不必拘拘以地下发掘的实物作根据。因为在中国最近数十年来地下发掘的古器物与古文字，大体都是用来证明而不是用来推翻古史记载的。

以下我们对于古代中国"民族融和"与"国家凝成"之两大事业，分成五个段落来加以叙述。

三

中国民族之本干，在春秋时代人的口里，常称为诸华或诸夏，华与夏在那时人的观念里，似乎没有很大分别。据有些学者的意见，华与夏很可能本是指其居住的地名。在《周礼》和《国语》两书里，华山是在河南境内的，很可能便是今之嵩山，故今密县附近有古华城。而夏则为水名。古之夏水即今之汉水。华夏民族，很可能指的是在今河南省嵩山山脉西南直到汉水北岸一带的民族而言。夏代的祖先即在此一带，若再由夏代逆溯上去，则黄帝、虞舜等的故事，也在这一带的相近地面流传。至于更推而上，说到中国民族的原始情形，则现在尚难详定。大体上中国民族远在有史以前，早已是中国的土著了。他们散居在中国北方平原上，自然可以有许多支派和族系的不同。但因中国北方平原，区域虽广，而水道相错，易于交通，再则各地均同样宜于农业之发展，生活情形易于同化，因此中国人在很早有史以前，各地相互间也早已有一种人文同化之趋向。由此在很早也就能形成为一个大民族，即后代所谓的华夏民族。

华夏民族乃中国民族之主干，因此中国古代史也以华夏民族为正统。在中国古史传说里，最早而比较可信的，有神农、黄帝的故事。这便是华夏族中的两大支。中国在很早的古代，即有一种"氏、姓"的分别。大抵男子称"氏"，表示其部落之居地；女子称"姓"，表示其部落之血统。在很早时代，中国似乎已有一种"同姓不婚"的习惯，因此各部落的男女，必与邻居部落通婚姻。这一制度，也是促进中国人很早就能相互同化形成一大民族的原因。黄帝属于姬姓，神农属于姜姓。姬、姜两部族，在华夏系里是比较重要的两支。他们的居地，大抵全在今河南省境。黄帝部族稍偏东，在今河南省中部襄城、许昌、新郑一带。神农部族稍偏西，在今河南省西部南阳、内乡一带，或直到今湖北省随县境。我们约略可以说，黄帝部族在淮水流域，神农部族则在汉水流域。两部族东西对峙而又互通婚姻。古史传说，神农氏母亲，乃黄帝部族里一个后妃。此虽不可即信，但却说明了此两部族互通婚姻，其来已久。古史又说，黄帝与神农氏后裔战于阪泉之野。据本书作者推测，阪泉应在今山西省南部解县境。大抵这两部族的势力均在向北伸展，渡过黄河。解县附近有著名的盐池，或为古代中国中原各部族共同争夺的一个目标。因此占到盐池的，便表示他有为各部族间共同领袖之资格，黄、农两部族在此战争，殆亦为此。此后华夏族的势力，向西伸展，到渭水流域，因此现在的华山便成为陕西的山名了。华夏族的势力向北伸展，到汾水流域，因此今山西省南境，在古代也称为夏墟了。在中国古史里往往只看地名迁徙，可以推溯出民族迁徙的痕迹来。

中国古代各部族间，既已很早便通婚姻，则相互间必有许多问题待求解决，于是各部族间遂有推出一个公认的共主之必要。此事在黄帝、神农的传说里，已透露得很明白。此共主的资格，似乎最先由神农部族所传袭，以后则为黄帝部族所夺取，但稍后到唐、虞时代，似乎有一种新的推选方法，即所谓"禅让制度"的产生。自有禅让制度，便可免得兵戎相争。根据《孟子·万章篇》和《尚书·尧典》所说，这一制度大体如下：旧的共主先因其他各部族领袖之推举（"岳牧咸荐"）而预行物色其继承人，待继承人选确定，则在旧共主的晚年，先使继承人暂代政务，尧老舜摄，又曰舜相尧。一面借资历练，一面亦备考验，旧共主死后，继承人正式摄政三年，然后退居以待各方意见之表示。后世相传的三年之丧，即由此起，在此三年之丧的时期内，一切政事由冢宰主持，新王不参加预闻。若各方一致拥戴，则新共主地位始确立，舜、禹皆由此取得其新共主的资格。

《孟子》《尧典》的叙述，是否全属当时实情，现在无从悬断。但尧、舜、禹的禅让时代无疑的为春秋、战国时一致公认的理想黄金时代。尧、舜、禹诸人，也为当时一致公认的理想模范皇帝。我们现在说唐、虞时代尚为中国古代各部族间公推共主的时期，这大致是可信的。直要到夏禹以后，始由禅让改成传子之局，此后的中国史，遂有正式数百年继统传绪的王朝。

四

中国古代史，直到夏王朝之存在，现在尚无地下发现的直接史料可资证明，但我们不妨相信古代确有一个夏王朝，这有两层理由。

第一：是《尚书》里《召诰》《多士》《多方》诸篇，西周初年的君臣，他们追述以前王朝传统，都是夏、殷、周连说，这是西周初年人人口中的古史系统，宜可遵信。

第二：是近代安阳殷墟发掘的龟甲文字，记载商汤以前先王先公的名号，大致与《史记·商本纪》所载相同。这些王公的年代正与夏朝同时，我们既知太史公对商代世系确有根据，也可信他记夏代世系别有来历。因此我们虽未发现夏代文献的地下证据，但已可从殷墟遗物上作一间接的证明。

根据古代传说，夏朝有十七君十四世四百七十多年。夏部族开始，大约在今河南省伊、洛两水上源嵩山山脉附近，禹都阳城，在今河南登封县。此后夏朝的势力，逐渐渡河北向，直到今山西省南部安邑一带，与唐、虞部族相接触，因此古史上也常常虞、夏并称，正可证明这两支的接近。后来夏王朝的势力，又沿黄河东下，直达今河北、山东、安徽诸省境，而与商部族相接触。

继夏而起的为商朝，其存在已有安阳殷墟遗物可资直接证明。其开始建立者商汤，都亳即商丘，在今河南省东部之归德。他本是夏代一诸侯，后来以兵伐夏，代为天子。在他前后商代都邑，曾屡经迁徙，直到盘庚，始定居今河南省北部之安阳。据说商代有三十一世，六百余年。又一说是二十九王，四百九十多年。单说他在安阳一段的历史，已有二百七十多年了。他们自称其居地曰"大邑商"，这大概是表示他们统治各方为万邦共主的意思。那时在陕西省渭水下流的周部族，对商的关系上，根据殷墟甲文有称"周侯"的，可见在政治意味上他们显有主属关系。那时商朝的政治威力，至少在政治名分上，已从今河南安阳向西直达陕西之西安。这已超过今日一千五百里的遥远路程以外。若把安阳作一中心，向四围伸展，都以一千五百里为半径，则商朝的政治规模必已相当可观。

又据殷墟出土古物中，有鲸鱼骨和咸水贝等，可见殷代当时，对于东海沿岸之交通，必甚频繁。贝应为货币之用，则那时已早有相当的商业了。

继续商朝的周代，那时文字记载的直接史料，留传到今的更多了，我们对于周代的一切史实，知道得更详尽更确实。大抵周代有三十七王八百六十七十年，其间又分西周与东周。东周以下，中国史家别称之为春秋、战国时代。单是西周自武王灭殷至幽王被杀一段，约占三百五十多年。

我们现在再从夏、殷、周三代的都邑上来看，夏都阳城、安邑，周都丰、镐在今陕西省西安境，全在偏西部分。殷都商丘、安阳，则在偏东部分。周人姬姓，与黄帝同一氏族，夏、周两朝，似应同为华夏系之主要成分。商人偏起东方，或应属之东夷，与黄帝、夏、周诸部，初不同宗，但夏人势力逐渐东伸，已与商族势力接触，而文化上亦得调和。随后商人势力西伸，代夏为中国共主，文化上之调和益密。继此周人又自西东展，代商为天下共主。那时的商人，便早已融和在华夏系里而成为华夏民族新分子之一支。这正可为我上文所说民族融和与国家凝成同时并进的一个好例。

五

西周时代最重要的事件，厥为"封建制度"之创始。但我们根据殷墟甲文材料，封建制度，早在商代已有。我们若把许多诸侯公认一王朝为共主，认为是封建制度之主要象征，则理论上，远在夏朝成立，那时便应有封建制度存了。所以中国古史上多说封建起于夏代，实非无因。但一到西周初年的封建，则实在另以一种新姿态而出现，所以我们也不妨说，封建制度由西周正式创始。西周初年的封建制度是周部族一种武装的移民垦殖与政治统治。经过西周初年两次对殷决战，周人络续将其宗族与亲戚不断分封到东方，成为西周统治东方各部族的许多相互联系的军事基点，因此造成中国史上更强固的统一王朝。在武王、成王两世，西周已建立了七十多个新诸侯，这里面有五十多个是西周同姓，此外大概亦多周代的姻戚与功臣。因此我们可以说，西周封建，实在是中央共主势力更进一步的完成。

但西周封建，也并不专在狭义的统治方面打算。除却分封同姓姻戚外，以前夏、殷两朝之后裔，以及其他古代有名各部族的后代，周人也一一为他们规划新封地或保留旧疆域，这所谓"兴灭国，继绝世"。而且允许他们各在自己封域内，保留其各部族传统的宗教信仰与政治习惯。因此我们还可以说，西周封建，实在包含着两个系统，和两种意味，一个是"家族系统"的政治意味，一个则是"历史系统"的文化意味。前一系统，属于空间的展拓；后一系统，属于时间的绵历。此后中国文化的团结力，完全栽根在家族的与历史的两大系统上。而西周封建制度，便已对此两大系统兼顾并重。可征当时在政治上的实际需要之外，并已表现着中国传统文化甚深之意义，这是尤其值得我们注意的。

论到当时周天子与诸侯间的相互关系，似乎只有一种颇为松弛的联系，诸侯对其自己封地内一切措施，获有甚大自由。然正因此故，更使周王室在名分上的统治，益臻稳固。这些据说全是西周初年大政治家周公的策划。无怪将来的孔子，要对周公十分向往了。

再从另一方面说，周代封建和夏、殷两朝的不同。大体上，夏、殷两朝是多由诸侯承认天子，而在周代则转换成天子封立诸侯。这一转换，王朝的力量便在无形中大增。那时天子与诸侯间，有王室特定的朝觐（诸侯亲见天子之礼）、聘问（派遣大夫行之）、盟会（有事则会，不协则盟）、庆吊诸礼节，而时相接触；又沿袭同姓不通婚的古礼，使王室与异姓诸侯以及异姓诸侯相互间，各以通婚关系而增加其亲密。因此数百年间的周朝，可以不用兵力，单赖此等松弛而自由的礼节，使那时的中国民族益趋融和，人文益趋同化，国家的向心力，亦益趋凝定。这便是中国传统的所谓"礼治"精神。这一种礼治精神，实在是由封建制度下演进而来。

若论周代疆域，较之夏、商两朝亦更扩大。周天子都丰、镐，在今陕西省西安境，但其封国，在东方的如齐（山东临淄）、鲁（山东曲阜）、吴（江苏）、燕（河北），都已直达海滨，黄河上下游已紧密联合在同一政治体制之下。商代遗臣箕子，远避朝鲜半岛，周王室因而封之，朝鲜半岛的文化即由此启发。古代传说那时又有越裳氏来朝，越裳是今之安南。安南半岛和朝鲜半岛，一在中国之西南，一在中国之东北，同样在很早时期里便受到中国文化之薰陶与覆育。

以上所述，自唐、虞时代诸部族互推共主，进至夏、商王朝的长期世袭，再进之于周代之封建制度，从政治形态的进展上看，可说是古代中国国家民族逐步融和与逐步统一下之前半期的三阶段，中国经此三阶段，已经明白确立了一个国家民族和文化之单一体的基础。西周末年，正当西元前七七一年，距西方希腊第一次举行奥林匹克赛神竞技不远的时代，那时西周王室的地位，虽一时发生摇动，但中国人对于民族融和与国家凝成的工作，已经有了很深厚的成绩。并不因此中止，下面便是所谓春秋、战国时代。

现在再把上述三时期的年代，约略推记如下：中国历史由西周中叶共和元年（西元前八四一年）以下，是有明确年岁可记的，以前则不甚准确，但大体可以推定。西周初年约当西元前一一三〇年左右。从此再推上二百七十年，当西元前一四〇〇年间，则为商王盘庚定居安阳的时代。从此再推上三〇〇年，约当商王朝初创之时期，则为西元前之一七〇〇年。再推上五百年，当西元二二〇〇前年左右，应当中国史上之虞、夏禅让时代。再上则不可细推了。自从虞、夏禅让到西周王室倾覆，平王东迁洛邑（西元前七七〇），中间经历一千五百年左右，始终有一中央共主的存在。而且此一共主的地位继续强固，势力继续扩大，这正是中国历史上民族融和与国家凝成的两大事业正在继续进展中一个极好的说明。

六

此下再说到东周、春秋和战国时代。东周以下春秋、战国时代从政治意识与政治形态的进展上看，可以说是从"霸诸侯"到"王天下"的时代。春秋二百四十年是霸诸侯的活动时期，战国二百三十年则为王天下的活动时期，用现代术语来说，霸诸侯是"完成国际联盟"的时期，王天下是"创建世界政府"的时期。

当西周王室避犬戎之祸东迁雒邑（今河南省洛阳）以后，周天子在政治上共主的尊严，急速崩颓，封建诸侯相互间的联系亦因此解体。列国各务侵略，兵争不息，各国内部亦政潮迭起，篡弑相寻，因此更招致异族戎狄侵凌之祸。（戎狄详细见下）在此局面下，便有霸者蹶起。当时的霸业，便是诸夏侯国间的一种新团结。霸业最先创于齐，以后则落于晋（今山西省曲沃附近）。齐国姜姓，为周代之姻戚；晋国姬姓，为周代之宗族。所谓霸业是要把当时诸夏侯国重新团结起来，依旧遵守西周王室规定下的封建制度和封建礼节。对外诸侯间不得相互侵略,对内禁止一切政权的非法攘夺。如此便逐渐形成了一个当时国际间的同盟团体,又逐渐制下了许多当时的国际公法。他们在名义上仍尊东周王室为共主,实际则处理一切国际纷争与推行一切国际法律的,其权皆由霸国即盟主任之。凡加入同盟的国家,每年皆须向盟主纳一定的贡赋,在经济上维持此同盟的存在。遇有战事,经盟主召集,凡属同盟国家,皆须派遣相当军队,组织联军,听盟主国指挥作战。凡属同盟国,遇有敌寇,均得向盟主国或其他同盟国乞援。同盟国家相互间,则不得有侵略及战争。凡遇外交争议,皆由各国申诉于盟主国,听候仲裁。其性质较严重者,则由盟主国召集各同盟国开会商处。争议之一方不服仲裁,得由盟主国主持声讨。各同盟国内部政争,亦同样由盟主国或同盟国仲裁。常有国君理屈败诉,卿大夫理直胜诉的。至于新君即位,均须得同盟国承认。若由内乱篡弑得国,同盟国不仅不加承认,并可出师讨伐,驱逐叛党,另立新君。遇有国内灾荒等事,同盟国均有救济之义务,亦由盟主国领导办理。当时许多诸夏侯国间,完全靠了这一个国际组织,保持他们对内对外的安全,达于百年以上。我们可以说春秋时代的霸主,在政治名分上,虽不如西周王室之尊严,但在政治事业的实际贡献上,则较西周王室更伟大。

在当时不参加此等同盟事业的,在北方则为戎狄,在南方则有楚国。这些在当时都认为不属于诸夏之内的。戎狄大多是游牧部落,与诸夏城郭耕稼的生活不同,文化较低,因此颇少加入。楚国则僻在江、汉之间,与北方诸侯相隔亦远。旧说其国都在今湖北省之江陵,然恐当在今湖北襄阳、宜城一带为是。他志在兼并，亦不愿加入联盟，自受拘束。后来北方诸戎狄，经同盟国压制，渐不为患。独剩南方楚国，乘机并吞汉水、淮水一带的小诸侯，变成一特别强大的国家，与北方的国际同盟双方对峙，时起斗争。到后来，楚国亦渐受北方诸夏的文化感染，渐知专靠武力，无法并吞北方诸侯，遂亦要求加入同盟团体，以得任盟主为条件。一面可得同盟国每年贡赋，有经济上的实利，一面亦可满足他在国际上光荣地位之野心。于是南楚北晋，更番迭主中原诸侯之盟会。在当时曾举行过一次极有名的弭兵大会（西元前五四六），即由楚国新加入国际同盟团体而召集。楚国以外，西方有秦国（今陕西省凤翔县），东南方有吴国（今江苏省吴县）与越国（今浙江省绍兴县），亦模仿楚国先例，先后加入同盟团体，而为其盟主。楚国、吴国当时称为荆蛮，吴国虽亦姬姓，与周人为近亲，但远封江南，早与荆蛮同化。越国则为百越。荆蛮、百越同非诸夏系统，自从他们加入同盟，中原诸夏文化，遂逐渐由黄河流域推扩到长江流域。秦国为嬴姓，初本东夷之一支，封在西土，又杂有戎风。秦国加入诸夏联盟，这是当时黄河流域东西双方又增了一度的结合。因此我们可以说，当时霸业的逐渐扩大，即是诸侯间联合的逐渐扩大，亦即是中国国家民族大一统事业之逐渐进展与完成。春秋时代几乎全是这一个霸业活动的时代。

  但是春秋时代的霸业，论其实际，是向着两个方面同时并进的，一方面是朝向"和平"，另一方面则朝向"团结"。和平与团结，本是同一要求之两面。因此在当时虽然不断的提倡国际联盟弭兵大会等种种和平运动，而同时国际兼并的趋势也还在进行。

总论春秋时代，可考见的诸侯，约有一百三十余个，而后来较大的只剩十二国（此据《史记·十二诸侯年表》）其名如下：

鲁、齐、晋、楚、宋（今河南商丘）、卫（今河南滑县，迁濮阳）、陈（今河南淮阳）、蔡（今河南上蔡，迁新蔡，又迁安徽寿县）、曹（今山东定陶）、郑（今河南新郑）、燕（今河北北平）、秦（今陕西咸阳）。

直到战国中晚时期，变成七雄并峙：

秦（今陕西咸阳）、魏（今河南开封）、韩（今河南新郑）、赵（今河北邯郸）、燕（今河北北平）、齐（今山东临淄）、楚（今湖北宜城，迁安徽寿县）。

那时霸诸侯的事业，再不为世所重，几个大强国，渐渐梦想着王天下。"王天下"是一种代替周王室来重新统一天下的意思。最先是各国相互称"王"，表示他们的地位已与周天子平等。以后则更强大的改称"帝"，以示比较诸王的地位又高一层。直到秦国统一六国，秦君遂自称"始皇帝"，"皇帝"的称号，是连合古代统治者最尊严的称号"皇"和"帝"两名而成，表示秦代的统治，已超出历史上从古未有之境界。我们若从中国古史上国家与民族大统一完成之历程观之，秦始皇帝的统一，实在是一点不差，已达到这一进程之最高点了。

在当时中国人眼光里，中国即是整个的世界，即是整个的天下。中国人便等于这世界中整个的人类。当时所谓"王天下"，实即等于现代人理想中的创建世界政府。凡属世界人类文化照耀的地方，都统属于唯一政府之下，受同一的统治。"民族"与"国家"，其意义即无异于"人类"与"世界"。这一个理想，中国人自谓在秦代的统一六国而实现完成了。所以《中庸》上说：

> 今天下车同轨，书同文，行同伦。舟车所至，人力所通，天之所覆，地之所载，日月所照，霜露所坠，凡有血气者，莫不尊亲。

这种境界，便是说全世界人类都融凝成为一个文化团体了。只在这一种境界下的最高领袖，才如上帝般，一视同仁，不再有彼我对峙的界线了。只有他受了全世界人类之尊亲，所以说他是"配天"，与天为配，这才当得上"天子"的称号。这是当时中国人政治、宗教合一同流的大理想，我们在下一章里再要述及。

七

现在我们把上面所说再加以简括的综述。中国古代史上的"民族融和"与"国家凝成"两大功业，共分为五个阶段而完成。最先是禅让制度，由各族互推共主，此为唐、虞时代。其次为王朝传统制度，各族共认的王朝，父子相传（如夏）或兄弟相及（如殷，兄弟相及只是父子相传之变相，最后还要归到父子相传）。继世承绳，为天下之共主，此为夏、商时代。又其次为封建制度，诸侯由王朝所建立，而非王朝由诸侯所尊认，此为西周时代。其次为联盟制度，由诸侯中互推霸主，自相团结，王朝退处无权，此为春秋时代。最后为郡县制度，全国只有一王朝，更无诸侯存在。此为战国末年所到达的情形。在此国家体制的逐步完成里，民族界线亦逐步消失，这是中国史上民族融和与国家凝成之五大时期。当秦始皇帝开始统一，适当西历纪元前二二一年，那时西方希腊已衰，罗马未盛，他们的文化进程中，早已经历过不少个单位与中心，但在中国文化系统里，却始终保持着一贯的传统，继续演进，经历两千多年，五大阶段，而终于有这一个在当时认为理想的"世界政府"之出现，这不能不说是中国文化史上一个莫大的收获。

第三章　古代观念与古代生活

中国古代史上，如何达到"国家凝成""民族融和"的世界大统一的五个阶程，已在上节说过，现在让我们转一视向，来看一看古代人的各种观念及其生活情况。

一

第一：先讲到他们的"民族观念"。

古代的中国人，似乎彼此间根本便没有一种很清楚的民族界线。至少在有史记载以后是如此的。或者他们因同姓不通婚的风俗，使异血统的各部族间，经长时期的互通婚媾而感情益臻融和。一面由于地理关系，因生活方式互相一致，故文化亦相类似。更古的不能详说了，只看西周部族，在其尚未与商王朝决裂之前，双方亦常互通婚姻。周文王的母亲太任，从殷王朝畿内挚国远嫁而来。周武王的母亲太姒，是莘国的女儿。姒姓属夏部族，任姓属商部族。我们只看周文王、武王两代的母亲，便见那时夏、商、周三部族是互通婚姻的。商、周之际兵争的前后，周王室对周族及商族人种种文告，亦并没有根据民族观点的说话，他们只说商王室不够再做天之元子，不配再为天下之共主而已。并不丝毫有商、周之间相互为异民族的意识之流露。到春秋时代，齐桓公创霸业，宋国首先赞助，宋襄公因此继齐称霸。那时许多姬、姜两族的国家，并不把宋国当作异族看，宋国人亦丝毫不像有民族仇恨的痕迹可以推寻。孔子先代是宋国贵族，但绝对看不出在孔子生平有一点商、周之间的民族疆界的观念与意识。当时政治界乃至学术界所称的诸夏中间，兼包有夏、商、周三代的后裔，是绝无可疑的。

我们再进一步考察当时对于蛮、夷、戎、狄的称呼，则更见当时所谓诸夏与蛮夷的分别，并不纯是一种血统上种姓上的分别，换言之，即并不是一种民族界线。据《左传》《史记》的记载，晋献公一夫人为晋文公母亲的，叫大戎狐姬，晋献公另一夫人骊姬，乃骊戎之女。可见狐戎、骊戎，若论血统皆属姬姓，与晋同宗，但当时却都称作戎。又晋献公另一夫人为晋惠公母亲的，叫小戎子，子姓为商代后裔，而当时亦称为戎。其他尚有姜氏之戎，则与齐国同宗。再看《史记》，又称晋文公母亲乃翟之狐氏女，又说晋文公奔狄，狄其母国，可见这里的狐戎又称狄，戎、狄二名有时可以互用，在当时并非纯指两种血统不同的异族。狐家如狐突、狐毛、狐偃、狐射姑，（即贾季）一门三世为晋名臣，晋卿赵盾亦是狄女所生，赤狄、白狄终春秋世常与晋室通婚。我们只看一晋国，便知当时盘踞山西、陕西两省许多的戎狄，根本上并不像全是与诸夏绝然不同的两种民族。

秦为周代侯国，又是晋国的婚姻之邦，赵乃晋之贵卿，以后秦、赵为战国七强之二，秦国完成了统一中国的大业。但其同宗的徐（在今安徽省泗县），《尚书》里称之为淮夷、徐戎，则在当时是被目为东夷的。春秋时齐国晏平仲为名大夫，曾与孔子有交，但晏子是莱人，莱在当时亦被目为莱夷。孟子生于邹，春秋时为邾，邾在春秋时人目光中亦常视为东夷。楚国自称蛮夷，但春秋中叶，晋、楚互为诸夏盟主，到战国时，楚国也常为盟主。据古史传说，秦、楚皆帝颛顼之后，皆是黄帝子孙。此层现在无可详证。要之到春秋战国时，所谓南蛮与东夷，无疑的亦皆与诸夏融和，确然成为中华民族之一体了。

因此我们可以说，在古代观念上，四夷与诸夏实在另有一个分别的标准，这个标准，不是"血统"而是"文化"。所谓"诸侯用夷礼则夷之，夷而进于中国则中国之"，此即是以文化为"华"、"夷"分别之明证。这里所谓"文化"，具体言之，则只是一种"生活习惯与政治方式"。诸夏是以农耕生活为基础的城市国家之通称，凡非农耕社会，又非城市国家，则不为诸夏而为夷狄。在当时黄河两岸，陕西、山西、河南、河北诸省，尤其是太行山、霍山、龙门山、嵩山等诸山脉间，很多不务农耕的游牧社会。此诸社会，若论种姓，有的多与中原诸夏同宗同祖。但因他们生活习惯不同，他们并未完全走上耕作方式，或全不采用耕作方式，因此亦无诸夏城郭、宫室、宗庙、社稷、衣冠、车马、礼乐、文物等诸规模，诸夏间便目之谓戎狄或蛮夷。此等戎狄或蛮夷，其生活方式，既与城市国家不同，因此双方自易发生冲突。其他亦有虽是农业社会，虽亦同样为城市国家，但因他们抱有武力兼并的野心，不肯加入诸夏和平同盟的，此在同盟国看来，这样的国家，其性质亦与山中戎狄河滨蛮夷相差不远，因亦常以戎、狄、蛮、夷呼之。如春秋初期及中期的楚国，即其一例。又如吴国，他是西周王室宗亲，但因僻在长江下游，距离当时文化中心过远，其社会生活国家规模都赶不上中原诸夏，遂亦被目为蛮夷。以后他与中原诸夏交通渐密，渐渐学到诸夏一切规模文物之后，诸夏间亦即仍以同文同种之礼待之。更可见的，如春秋时的秦国，僻居陕西凤翔，他的一切社会生活本远不及东方诸夏，但东方诸夏却并不以夷狄呼之。逮及战国时，秦孝公东迁咸阳，国内变法，其一切政制与社会生活，较春秋时代进步得多，但那时的东方人却反而常称他为蛮夷，越到后期越更如此。此正因为秦国在战国后期，独对东方各国采取强硬的侵略态度之故。所以战国时代之秦国，其地位正如春秋时代之楚国，只因为他是一个侵略国，所以东方诸夏斥之为蛮夷。

可见古人所谓蛮、夷、戎、狄，其重要的分别，不外两个标准。

一：是他的"生活方式"不同，非农业社会，又非城市国家。

二：则因其未参加"和平同盟"，自居于侵略国的地位。

这在那时便都叫做蛮、夷、戎、狄。直到秦始皇时代，中国统一，全中国只有一个政府，而各地方亦都变为农业社会了。国家统一而民族亦统一，凡属国民，即全为诸夏，便更无蛮、夷、戎、狄的存在了。

我们现在若把秦、汉时代的中国人，加以民族上的分析，应该可有如下之诸系。

第一：是华夏系，此为中国民族最要之主干。夏、周两代属之。

第二：是东夷系，殷人或当属此系。此外如东方徐国、西方秦国等皆是。

第三：是荆蛮系，如楚国、吴国等属之。

第四：是百越（同粤）系，越国及南粤、闽粤等属之。

第五：是三苗系，三苗本神农之后，其一部分姜姓诸族并入诸夏系统，其一部分称戎称羌，则犹之姬姓诸族有称戎称狄的，也一样摒在诸夏之外了。

中国疆土至大，远在有史以前，此诸族系，早已分布散居在中国各地。无论他们最先的远祖，是否同出一源，但因山川之隔阂，风土之相异，他们相互间经历长时期之演变，生活习惯乃至语言风俗一切都相悬绝。若非中国的古人，尤其为之主干的华夏诸系，能抱甚为宽大的民族观念，不以狭义的血统界线自封自限，则民族融和一时不易完成，而国家凝成亦无法实现；势必在中国疆土上：永远有许多民族和许多国家彼此斗争互相残杀，而此后的中国文化史也将全部改观。因此中国古代人对于民族观念之融通宽大，实在是值得我们特别注意的。

在西方历史里，同一雅利安民族，随着历史进展，而相互间日见分歧，结果形成许多语言、文字、风俗、习惯各不相同的小支派。直到现在，若非先认识此各支派的界线，便无从了解西洋史。但在中国，则上古时代，虽然有许多关于民族或民族间的分别名称，常使读史的人感觉麻烦，但越到后来，越融和越混化而成一体。秦、汉以后的中国，其内部便很少有民族界线之存在。这不可不说亦是中西文化演进一绝不同之点。因此在西洋历史里，开始便见到许多极显明极清楚的民族界线。在中国史里，则只说每一部族都成为黄帝子孙，这正是中国古代人心中民族观念之反映。

二

其次：要说到"宗教观念"。

根据殷墟甲骨文，当时人已有"上帝"观念，上帝能兴雨，能作旱，禾黍成败皆由于上帝。上帝是此世间一个最高无上的主宰。但甲骨文里并没有直接祭享上帝的证据。他们对上帝所有吁请，多仰赖祖先之神灵为媒介。他们的观念，似乎信为他们一族的祖先，乃由上帝而降生，死后依然回到上帝左右。周代人"祖先配天"的观念，在商代甲文里早已有了。他们既自把他们的祖先来配上帝，他们自应有下面的理论，即他们自认为他们一族乃代表着上帝意旨而统治此世。下界的王朝，即为上帝之代表。一切私人，并不能直接向上帝有所吁请，有所蕲求。上帝尊严，不管人世间的私事。因此祭天大礼,只有王室可以奉行。商代是一个宗教性极浓厚的时代,故说:"殷人尚鬼。"但似乎那时他们,已把宗教范围在政治圈里了。上帝并不直接与下界小民相接触,而要经过王室为下界之总代表,才能将下界小民的吁请与薪求,经过王室祖先的神灵以传达于上帝之前。这是中国民族的才性,在其将来发展上,政治成绩胜过宗教之最先朕兆。

待到周代崛起,依然采用商代人信念而略略变换之。他们认为上帝并不始终眷顾一部族,使其常为下界的统治人。若此一部族统治不佳,失却上帝欢心,上帝将临时撤消他们的代表资格,而另行挑选别一部族来担任。这便是周王室所以代替殷王室而为天子的理论。在《尚书》与《诗经》的《大雅》里,都有很透彻很明白的发挥。周代的祭天大礼,规定只有天子奉行,诸侯卿大夫以下,均不许私自祭天。这一种制度,亦应该是沿着商代人的理论与观念而来的。殷、周两代的政治力量,无疑的已是超于宗教之上了。那时虽亦有一种僧侣掌司祭祀,但只相当于政府的一种官吏而已。至于社会私人,并非说他们不信上帝,只在理论上认为上帝既是尊严无上,他决不来预闻每一人的私事,他只注意在全个下界的公共事业上,而应由此下界的一个公共代表来向上帝吁请与薪求,这便是所谓天子了。

配合于这个"祭天"制度(即郊祀制度)的,同时又制定下"祭祖"的制度(即宗庙制度)。一族的始祖,其身分是配天的,常在上帝左右,因此亦与上帝一般,只许天子祭,而不许诸侯卿大夫们祭。如鲁国的君主,只许祭周公,不许祭文王。这明明是宗教已为政治所吸收融和的明证。换辞言之,亦可说中国人的宗教观念，很早便为政治观念所包围而消化了。相传此种制度，大体由周公所制定，此即中国此下传统的所谓"礼治"。礼治只是政治对于宗教吸收融和以后所产生的一种治体。

但我们不能由此误会，以谓中国古代的宗教，只是一种政治性的，为上层统治阶级所利用。当知中国人观念里的上帝，实在是人类大群体所公共的，一面不与小我私人直接相感通，此连最高统治者的帝王也包括在内。只要此最高统治者脱离大群立场，失却代表民众的精神，他也只成为一个小我私人，他也并无直接感通上帝之权能。而另一方面，上帝也决不为一姓一族所私有。换辞言之，上帝并无意志，即以地上群体的意志为意志。上帝并无态度，即以地上群体的态度为态度。因此说："天命靡常"，"天视自我民视，天听自我民听"。夏、商、周三代王统更迭，这便是一个很好的例证。我们若说中国古代的政治观念吸收融和了宗教观念；我们也可说，中国古代的人道观念，也已同样的吸收融和了政治观念。我们可以说，中国宗教是一种浑全的"大群教"而非个别的小我教。当知个人小我可以有罪恶，大群全体则无所谓罪恶，因此中国宗教里并无罪恶观念，由此发展引伸，便成为将来儒、道两家之"性善论"。"性"是指的大群之"共通性"，不是指的小我之"个别性"。其次小我私人可以出世，大群全体则并无所谓出世。充塞于宇宙全体的一个人生境界，是并无出世可言的。

因此中国宗教，很富于现实性。但此所谓现实，并非眼光短浅，兴味狭窄，只限于尘俗的现状生活之谓。中国人的现实，只是"浑全一整体"，他看"宇宙"与"人生"都融成一片了。融成一片，则并无"内外"，并无"彼我"，因此也并无所谓"出世与入世"。此即是中国人之所谓"天人合一"。上帝与人类全体大群之合一。将来的儒家思想，便由此发挥进展，直从人生问题打通到宇宙问题，直从人道观念打通到宗教观念。因此我们可以说，中国人的人生观，根本便是一个浑全的宇宙观。中国人的人生哲学，根本便是一种宗教。这一个源头，远从中国古代人的宗教观念里已可看出来了。

三

第三：说到"国家观念"。

中国古代人，一面并不存着极清楚极显明的民族界线，一面又信有一个昭赫在上的上帝，他关心于整个下界整个人类之大群全体，而不为一部一族所私有。从此两点上，我们可以推想出他们对于国家观念之平淡或薄弱。因此他们常有一个"天下观念"超乎国家观念之上。他们常愿超越国家的疆界，来行道于天下，来求天下太平。周初封建时代，虽同时有一两百个国家存在，但此一两百国家，各各向着一个中心，即周天子。正如天空的群星，围拱一个北斗，地面的诸川，全都朝宗于大海。国家并非最高最后的，这在很早已成为中国人观念之一了。因此在春秋时代，列国卿大夫间，他们莫不热心于国际的和平运动。诸夏同盟的完成，证明他们多不抱狭义的国家观念。

　　一到春秋末年，平民学者兴起，这个趋势更为昭著。孔子、墨子以及此下的先秦百家，很少抱狭义的国家观念的。即当时一辈游士，专在国际政治方面活动，他们自结徒党，造成一个国际外交阵容，分别在某几个政府里掌握到政权，而互相联结。另一批集团，则在另几个政府里活动，他们一旦把捉到政权，即把那几个国家联结起来。因此他们的政治地位，并不专靠在国内，而多分却靠在国外。往往某一政府任用一游士，可以立即转换国际阵容之离合。此等游士，当时谓之纵横家。从某一方面看，战国的纵横家，还是沿着春秋时代的霸业运动而来。他们的性质，一样是国际性的，是世界性的，并非抱狭义的国家观念者所能有。

　　在战国时代的学者中间，真可看为抱狭义国家观念者，似乎只有两人。一是楚国的屈原，一是韩国的韩非。他们都是贵族，因此与同时一辈平民游士的态度不同。但韩非是否始终保持狭义的国家观念，其事尚属疑问。则其时始终坚抱狭义国家观念的，可以说只有屈原一人了。但从另一方面看，屈原之忠于楚怀王，只是君臣间之一种友谊，或许屈原以为我如此忠心于怀王，而犹遭谗间，纵使再往他国，也一样可受冤屈，因此投江而死。这只是文学家的一种极端恳挚的感情作用，也不好说他抱的是狭义的国家观念。如此说来，战国时代有名的智识分子，便绝少抱着狭义国家观念的了。

　　一辈智识分子的态度如此，平民农工社会更是如此。一国行仁政，别国民众即相率襁负而往。此在《孟子》书里，记载得很明显。到后来秦国广招三晋移民，为他垦地，三晋民众也便闻风而集。可见战国时代除却各国贵族世袭阶级，为自身地位打算，因而或有采取狭义的国家观念以外，其他民众，无论是士大夫智识分子，或农工劳动分子，他们全不束缚在狭义的国家观念里。他们全都有一超越国家的国际观念，或可说是世界观念，即天下观念之存在。这便是秦国所以能统一东方各国的一个大原因。否则那些国家，传统都相当久远，鲁、卫、宋、楚、燕等国，从西周时代算起，至少都在八百年以上，即从春秋时代算起，亦多超过五百年。即如齐、赵、韩、魏诸国，从战国时代算起，亦各有三百年左右的历史。秦国人何能很快地把他们吞灭，正因他们的国家并不建筑在民众的观念上。民众心目中，并无齐国人、楚国人等明确的观念。他们想望的是天下或世界的和平与安全。因此秦国用的文臣，如吕不韦、李斯等，武臣如蒙毅、蒙恬等，都是东方客卿，但都肯真心为秦国用。而东方民众亦不坚强爱国抵抗秦兵的侵略。秦国的统一，只能算是当时中国人天下太平世界一统的观念之实现，而并不是某一国家战胜而毁灭了另外的某几个国家。

四

上面约略叙述了中国古代人对于"民族"、"宗教"与"国家"的三项观念。这三项观念的内部，又是互相关联，有他们共通融成一整体的意义。这一种观念与意义，始终成为中国古代文化之主要泉源，促成了秦、汉以下中国之大一统。但这三项观念，还只是外层的，消极方面的，我们现在需再说到一种内层主动而积极方面的，便是中国人的"人道观念"。

中国文化是一种现实人生的和平文化，这一种文化的主要泉源，便是中国民族从古相传一种极深厚的人道观念。此所谓人道观念，并不指消极性的怜悯与饶恕，乃指其积极方面的像后来孔子所说的"忠恕"，与孟子所说的"爱敬"。人与人之间，全以诚挚恳恳的忠恕与爱敬相待，这才是真的人道。

中国人的人道观念，却另有其根本，便是中国人的"家族观念"。人道应该由家族始，若父子兄弟夫妇间，尚不能忠恕相待，爱敬相与，乃谓对于家族以外更疏远的人，转能忠恕爱敬，这是中国人所绝不相信的。"家族"是中国文化一个最主要的柱石，我们几乎可以说，中国文化，全部都从家族观念上筑起，先有家族观念乃有人道观念，先有人道观念乃有其他的一切。中国人所以不很看重民族界线与国家疆域，又不很看重另外一世界的上帝，可以说全由他们看重人道观念而来。人道观念的核心是家族不是个人。因此中国文化里的家族观念，并不是把中国人的心胸狭窄了、闭塞了，乃是把中国人的心胸开放了、宽大了。

中国的家族观念，更有一个特征，是"父子观"之重要性更超过了"夫妇观"。夫妇结合，本于双方之爱情，可合亦可离。父母子女，则是自然生命之绵延。由人生融入了大自然，中国人所谓"天人合一"，正要在父母子女之一线绵延上认识。因此中国人看夫妇缔结之家庭，尚非终极目标。家庭缔结之终极目标应该是父母子女之永恒联属，使人生绵延不绝。短生命融入于长生命，家族传袭，几乎是中国人的宗教安慰。中国古史上的王朝，便是由家族传袭。夏朝王统，传袭了四百多年，商王统传袭了五六百年。夏朝王统是父子相传的，商朝王统是兄弟相及的。父子相传便是后世之所谓"孝"，兄弟相及便是后世之所谓"弟"。孝是时间性的"人道之直通"，弟是空间性的"人道之横通"。孝弟之心便是人道之"核心"，可以从此推扩直通百世，横通万物。中国人这种内心精神，早已由夏、商时代萌育胚胎了。

再说到周王统，即便算到春秋末年为止，亦已传袭了五百年。而且中国古史里，一个家族有四五百年以上历史的，也并不限于王室。最著的像孔子的家世，孔子的祖上本是宋国贵族，自他的五世祖，由宋避难，迁到鲁国。虽到孔子时，家世略略衰微了，但其传统是还可指述清楚的。自孔家迁鲁以前，他的家世，可以直溯到宋国的一位君主愍公，再由那位君主直溯到宋国的始封，这是在《史记》上都明白记载着的。由宋国的始封便可直溯到商代，因为宋国第一世微子，便是商代末一世纣王的庶兄。如此我们便可直从孔子追溯到商汤。不仅如此，我们还可从商汤上推，直到与夏代开国约略相等的时间，这是在《史记》的《商本纪》里明白记载，而且有近代出土的甲骨文可做旁证的。如此说来，孔子的家世，岂不很清楚已有一千五百年的绵延吗？自孔子到现在，孔家传统不绝，此已为举世所知，这无怪乎孔子要提倡孝道，要看重家族观念。但孔子却并不抱狭义的民族观和国家观，孔子讲政治常是尊周，羡慕周公。孔子作春秋，叙述当时历史，也以鲁国为主。这正可证明我所说，中国人的家族观念并不把中国人的心胸狭窄了，闭塞了。正因中国人由家族观念过渡到人道观念，因此把狭义的民族观念与国家观念转而超脱解放了。

第三章 古代观念与古代生活

中国古代除却孔家而外，尚有很多绵历很古的家族。如晋国世卿范氏，他们自己说，自虞以上为陶唐氏，在夏为御龙氏，在商为豕韦氏，在周为唐杜氏，这亦绵延到千五百年以上，与孔家相仿佛，且更过之。其他春秋列国，如齐为太公之后，鲁为周公之后，都已绵历有五六百年以上。一个家族，枝叶扶疏，天子诸侯下面，还有公卿大夫，从大家族演出小家族，一样的各自绵延数百年。不仅如此，那时的百工、技艺、商贾，亦都食于官府，以职为氏，世代传袭，那亦便是各各有其数百年以上的家世了。无怪中国人对于历史观念，很早便发达得如此清楚，这亦应与家族传袭有相互关系的。而且家族与家族间，又因长时期互通婚姻之故，而亦亲密联系如一家，此如姬、姜两姓之在周代，至少是有此观感的。

因此我们要考量中国人的家族观念，不仅要注意他时间绵延的直通方面（孝），还应该注意他空间展扩的横通方面（弟）。横通直通便把整个人类织成一片。因此中国人很轻易由"家族观"而过渡到"世界观"。上面说过，中国古代是一个封建社会，而这个封建，照理论上说，应该由夏朝时代早已存在。"封建社会"与"家族制度"，是不可分析的两件事，宜乎中国古代人的家族观念要有他根深柢固的渊源了。

但我们切莫误会，以为封建制度可以造成家族观念。当知制度多从观念产生，却未必能规定观念。我们要讨论中国古代人的家族观念，还应向内观察到中国古代的"家族道德"与"家族情感"。不能单从外面看，单从当时的封建形式，便武断中国古代人的家族观念，以谓只在封土受爵等等世袭权益上。

要考察到中国古代人的家族道德与家族情感，最好亦最详而最可信的史料，莫如一部《诗经》和一部《左传》。《诗经》保留了当时人的内心情感，《左传》则保留了当时人的具体生活。《诗经》三百首里，极多关涉到家族情感与家族道德方面的，无论父子、兄弟、夫妇，一切家族哀、乐、变、常之情，莫不忠诚恻怛，温柔敦厚。惟有此类内心情感与真实道德，始可以维系中国古代的家族生命，乃至数百年以及一千数百年以上之久。倘我们要怀疑到《诗经》里的情感之真伪，则不妨以《左传》里所记载当时一般家族生活之实际状况做比较，做证验。《诗经》和《左传》，大体是西周下及东周与春秋时代的，我们由此可以上推夏、商时代。他们应该早有像《诗经》里的家族情感与家族道德，那种人与人之间的忠诚恻怛，温柔敦厚。这便是中国民族人道观念之胚胎，这便是中国现实人生和平文化之真源。倘不懂得这些，将永不会懂得中国文化。

上面一章里已说过，中国文化是发生在黄河流域的寒冷空气里的。让我们想像中国文化之产生，应该是劳作之余在屋内之深思下而产生的。这一个家庭集体的劳作与其屋内深思，对于注重家庭情感之一点，亦应有深切的关系罢。

五

以下要约略说到一些中国古代人的生活状况。第一要说的是"农耕"与"游牧"生活之消涨。在中国古代，农耕与游牧两种生活方式,共同存在。据古史传说,神农部族是一个农业部族,黄帝部族则是一个游牧部族。他们的居地,神农部族较在西偏。当时中原的西偏,恰当所谓黄土区,适宜于农事的发展。黄帝部族较在东偏。当时中原的东偏,已是沼泽地带,如《左传》里的逢泽,在今开封;《穆天子传》里的渐泽,在今宛陵;《诗经》里的甫草,与《周官·职方》及《尔雅》里的圃田泽,在今中牟,亦即《左传》里的原圃;《禹贡》里的荥波,及《左传》里的荥泽,在今荥泽;《左传》里的制田,在今新郑;《战国策》里的沙海,在今开封,《穆天子传》里的大沼,在今宛陵,都在黄帝部族居地之附近。这些沼泽,直到西周及春秋时代,依然还是著名的狩猎地。在黄帝时代,这一地带,一定尚在渔猎游牧的生活方式下。《史记》说黄帝:"迁徙往来无常处,以师兵为营卫。"可见他是一个武装移动的游牧部族。大抵中国古代在大地面上,一定是农耕与佃渔游牧各种生活方式同时并在的,但稍后姬、姜两部族便一样成为农耕部族了。或许中国古代的农业文化,有渐渐由西部黄土地区向东部沼泽地区而发展的趋势。

商部族的开始,亦在东方沼泽地带,但据殷墟甲文,他们定都安阳的时代,农业显已成为主要的生产了。甲文里有"黍、稷、稻、麦、蚕、桑"诸字,又有用黍酿造的"酒"字,有耕种用的"耒、耜"诸字。虽则那时也有盛大的渔猎与畜牧,这些仅成为一种副业,或贵族和王室娱乐而已。那时不仅黄河北岸,安阳一带,已进入耕稼社会,即河南商丘,今归德附近,商代故国所在,也已渐渐进入为耕稼的社会了。这里可以看出从黄帝下来直到商代,中国黄河下游,东方沼泽地带,正在渐渐地转入农耕事业了。这里是否与大禹治水的故事有关,现在无法详知,但现存的《诗经·商颂》里,明明说到大禹治水,使民得安居耕作,则可见禹的故事,不仅限于西方夏部族,即东方商部族里,也一致尊奉的了。因此我们不妨设想,中国古代东方平原沼泽地带的农耕事业,或是随着夏王朝之势力东伸而渐渐传播的。

但我们莫错想为古代中国,已有了阡陌相连,农田相接,鸡犬之声相闻的境界。这须直到战国时代,在齐、魏境内始有的景况。古时的农耕区域,只如海洋中的岛屿,沙漠里的沃洲,一块块隔绝分散,在旷大的地面上。又如下棋般,开始是零零落落几颗子,下在棋盘的各处,互不连接,渐渐愈下愈密,遂造成整片的局势。中国古代的农耕事业,直到春秋时代,还是东一块,西一块,没有下成整片,依然是耕作与游牧两种社会到处错杂相间。这一层要求我们转移目光说到西周的封建形态上。

周代的封建,本是一种集团的武装移民,一面垦殖,一面屯戍。一队队的西方人,周部族及其亲附部族,也有贵族,也有平民,由中央镐京选定了一个军事据点而兼可耕作自给的地面,派他们迁徙去驻扎下来。内部核心,筑着坚固的城圈,外围簇聚着许多耕地。更远的外围,再筑一带防御用的或断或连的土墙,这叫做封疆。封疆之内,是他们的国土,封疆之外,则依然是茫茫一片荒地,尽有草泽、森林、山陵、原陆,却如孤岛外的大海,沃洲外的沙漠,并不为封疆以内的人们所注意。那些分散各地的封疆区域,相互间也常通声息,对周天子中央王室,亦常有往来。这里便需要不断的道路工程之修整。周王室便凭藉着这几条通路,和几十处农业自给的军事据点,来维系他当时整个天下之统治。周代的封建制度，不啻是张罗着一个严密的军事要塞网。在此网的内外，亦有许多原来存在的农耕区域，亦逐渐采取同样的规模，取得周天子之承许，各各划定封疆，保留其封疆以内之处理自由权。西周以来的封建，便以这种点和线条的姿态而存在。

若论广大地面上，还有不少停滞在游牧而兼狩猎为生的社会，他们为封建武力所驱迫，只能远远的退居于较为高瘠的，或较为低湿的，山丘地带或湖泽地带，过他们较原始的生活。他们没有城郭、宫室、宗庙、社稷、衣冠、车马，一切农耕社会所有的文物制度。他们既没有这些，他们也不能遵奉周天子所定下的各种礼乐仪文。他们亦时或向周天子，或其蹯地附近的大诸侯进贡，甚至互通婚姻，但以不在整个封建制度之内，因此当时人观念中，不认他们为诸夏，而只当是四裔，"裔"便是边外之意。所谓蛮、夷、戎、狄，只是在各个农业封疆之外围的。我们只要明白得此种情形，始知蛮、夷、戎、狄并不是指一种或几种异族盘踞在中国之内地。他们有许多一样是中国人，一样是诸夏，而且全错杂夹居在中国诸侯间。只因他们的生活，即他们的文化较原始，较野蛮，并不像当时诸夏般，进步到同一的水准而已。一到周室中央势力崩溃，诸侯相互间失其联系，又各有内乱，则此分错杂居在各封建中间的蛮、夷、戎、狄，自然也要乘机窃发。春秋时代之四夷交侵，并非全是外国异族向内侵入，有些是中国内部秩序之失却平衡而引起的纷扰。

我们再进一层来稍稍叙述当时封建诸侯封疆以内的大体情形，这些便是将来秦、汉时代新中国的胚胎。通常的城圈，大概不过方五里左右的大小。里面的贵族,掌握着政治、经济、武力、文化各项大权,"宗庙"是他们一切的中心。最尊的宗庙,祭奉他们的始迁祖,即始封此土的第一代。根据对此始祖血统上的亲疏,而定其政治上地位之高下,及其应得经济权益之多少。这始迁祖的直属嫡支长子,世袭为此城的君主。依次而有的各个分支,则为卿、大夫、士,有其各分支的家庙。临祭同一庙宇的同宗,常是出征同一旗帜的同族。同宗是指同一庙宇同一神。"宗"字是一座庙与一个神。同族是指同一队伍作战。"族"字是一面旗与一支箭。一切贵族子弟,皆是武装的战士。战车甲胄藏在宗庙,临时分发。出战和凯旋,都要到庙里虔祭。有职掌一切礼器、乐谱、祈祷、文件,以及天文、历法、占卜、医药种种世袭的专官,都附属于宗庙,成为一个贵族家庭特有的学术集团。其他尚有社稷、宫室、仓廪、府库诸建筑,以及一批为这城圈里的贵族所特用的各种工商人,亦皆世袭其事,住在为他们所指定的区域里。其次便是平民的陋巷,和指定的市场。

城外的土地,可以分为"耕地"与"非耕地"两种。耕地由贵族依血统亲疏分割,各自领到分土后,再分割与各自的农民。大体均等划分,每一农户,以壮丁成年者为单位,领耕地百亩,缴什一之税,年老和死亡退还。这是一种均等授田制,即所谓"井田"。耕地以外,则为非耕地,又分山林、池塘、牧场等等,大体由贵族自己派人管辖,不再分给。寻常农民不得擅入伐木、捕鱼、猎兽、弋禽,违者以盗贼论。贵族在特定的节令,施行大围猎或大捕鱼等,其直属农民亦得相随参加,藉以练习作战或供娱乐。渔猎所得,贵族以祭享的名义使用外,亦颇赐赍农民,各沾余润。那些农民亦各筑土功，聚室为居。有小至十室为邑的，也有百家以上的。照周初制度，最大的封国，不过方百里。大抵离城郊五六十里以外，便是此封国的边疆，在此则另有一套防御建筑，只是宽宽的，高高的，堆成土堤岸，上面多栽树木，作为疆界，择交通要口则设关守护。这是一个国和一个文化社会。外面便是游牧社会戎狄出没迁徙之所。

上述的封建制度，直到春秋时代，依然还在进展。各个封国自己涨破了他原来方百里方七十里的封疆，像蜜蜂分房般，更向四围近旁展伸。西周时代是天子封建诸侯，春秋时代则变成诸侯封建大夫。春秋时代的大诸侯，他也如西周天子般的王畿千里，由他们分封的大夫，则如西周天子的畿内诸侯一样。如此各诸侯封疆日扩，农耕社会及城郭文化的区域日辟，游牧部落以前散漫杂居在平原草泽地带的，现在渐渐驱迫渐渐榨紧而退入山岳地带。直到战国，大强国只有九个乃至七个，七国加宋与中山为九。他们还沿袭西周乃至春秋以来封疆的旧观念，在相互国境上，各自筑成几条长围墙。而在他们的内部，几乎到了鸡犬相闻、农田相接的规模。游牧部族逐步退避，才慢慢变成"内中国而外四夷"的局面。将来秦始皇帝统一六国，把北方三国秦、赵、燕的向北围墙连接起来，便成中国史上之所谓万里长城。其在中国内部的一切围墙，则全都撤毁。而一切游牧部落逗留在长城以外的，同时也成立了一个匈奴国，与长城内农耕社会城郭文化相对抗。这几乎又是上古黄帝、神农东西相抵的形势，只不过现在是换成南北相抗而已。

若论匈奴部族之祖先，《史记》上说他是夏后氏之苗裔，又说他原是上古史上的山戎、猃狁、荤粥，以及春秋时代的赤狄、白狄之类。并非由其种族血统与中国人不同，实因其生活文化上与中国人差异，因此而判划两分，这是未必不可信靠的。我们很难说匈奴族的远祖，定与中国华夏系的远祖中间没有血统上的关系。只因后代人不懂古代的生活和观念，因而反觉太史公的话离奇了。

六

现在再要说到封建崩溃后之新社会。封建社会在春秋时代继续发展，同时也即继续走上了崩溃的路子。封建社会是各有封疆的，各各关闭在各自的格子里面。上面说到诸侯们各自涨破了他们的格子，如蜜蜂分房般各自分封，此种形势虽可说是封建形势之继续发展，其实也即是封建形势之开始崩溃。尤其是几个本来建立在外围的诸侯，如南方的楚，在今湖北北部；西方的秦，在今陕西东部；北方的晋，在今山西南部；东方的齐，在今山东东北部，他们处境特别优越，他们的封疆可以无限展扩。更如楚国，专心兼并汉水流域的姬姓封国，大为春秋时代诸夏所不满，因此相互摈之为蛮夷。其他如秦国则西并诸戎，晋则北并诸狄，齐则东并诸夷，楚亦并南方诸蛮，只为他们侵占的是游牧部族的疆土，而并非封建诸侯，因此较不为当时国际道义所指摘。他们扩地日大，未必一一分封子弟宗族，而往往暂时派一大夫去管理。这样一来，郡县的新国家，便逐渐形成，其姿态与性质，与

第三章　古代观念与古代生活

旧的封建国家绝然不同。到战国时，七个乃至九个大强国，几乎全是郡县的新国家了。所以到秦始皇帝统一，只要不再封建，全国便成一郡县系统。

诸侯、卿、大夫贵族阶级的势力，各自涨破封建格子，向外发展，这是历史上记载得很明显的。而同时平民社会，农耕村落的势力，亦同样的涨破封建格子，向外伸展。此层较不显著，然其影响之大，或者犹在前一事实之上。农民授田百亩，这是他的格子。井田地区以外的非耕地，包括山林薮泽广大地面，乃贵族私有的禁地，并不在授受分配之列，一般农民不得享用。但农民社会到底也要涨破他原有的格子。那时的封建律令，禁不住农民们私自走进贵族的禁地，即"非耕地"去，烧炭伐木，捕鱼猎兽，寻找他们的新生活。这一种趋势，在春秋中叶已逐渐见端，尤其在土狭人稠，田亩不敷分配的国家如郑如晋，最先出现。那种凭藉贵族禁地作新生活的农民，在贵族眼光中看来，是犯法的盗贼。所以那时的盗贼，是不在城市而在薮泽的。封疆外戎狄的劫掠，逐步少了，封疆内盗贼的攘窃，却逐步的多了。直到贵族阶级感到禁无可禁，只好让一步开放禁地，无论树木鸟兽，都允许农民捕捉斩伐，只在携出变卖经过禁戒线的时候，贵族向他们抽收相当于地租般的一笔额定的款项。这一种游离耕地的新生活，遂渐渐成为新世界中自由的新工人与新商人。而此种抽收，本来是带有惩罚意思的，如《孟子》书里的所谓"征商"的"征"字，便是这个来源了。直到汉代，一般见解仍以农业为法定的本业，而看非农业的工商杂业为一种不法事业，称为"奸利"，其渊源正自封建社会而来。战国时代的"废井田开阡陌封疆"，也是涨破封建格子之一例，此下再有详说。

　　农民涨破井田格子，而侵入贵族禁地，找寻新生活，便渐渐有工商职业之产生。同时相随于国家规模扩大，而战争规模同时扩大，车战渐变为步兵战，军队以贵族为主体的渐变成以平民为主体。大量农民开始服兵役，有因军功而成为新贵族的。如此农民渐渐转化成工人、商人与军人，农民经济繁荣，学术亦流到平民社会，遂成秦、汉以下士、农、工、商、兵的新社会。大抵在东方采较自由的态度，工商事业活泼，因而游士激增，社会知识与文化一般水准易于提高，此以齐国为代表。西方则比较接近统制的态度，厉行兵农配合，积极奖励耕战，压抑工商自由，因而社会私家经济不活泼，知识文化一般水准较低，游士亦少，此以秦国为代表。秦国游士皆由东方去。最后西方武力战胜东方，但东方文化亦战胜西方。汉代仍有"东方出相西方出将"的情形，那已完全是平民社会的世界了。

第四章　古代学术与古代文字

中国在先秦时代，早已完成了"国家凝成"与"民族融和"两大事业，这在上章已述过，同时中国民族的"学术路径"与"思想态度"，也大体在先秦时代奠定，尤要的自然要算孔子与儒家了。但我们与其说孔子与儒家思想规定了此下的中国文化，却更不如说：中国古代文化的传统里，自然要产生孔子与儒家思想。我们在这里，将先约略说一些孔子以前的古典籍。

一

在孔子以前的古代典籍，流传至今者并不多。举其最要者，只《尚书》《诗经》和《易经》三种。《尚书》里保留着不到二十篇商、周两代重要的政治文件。《尚书》分今、古文两种本子，古文《尚书》由后人编纂与伪造。即今文《尚书》亦不尽可信，如《尧典》、《禹贡》等，大概尽是战国时代人之作品。最早的应该算《盘庚》三篇，大概在西元前一三〇〇年左右。但究竟是否真系商代文件，现在尚无可断定。其较更确实可信和明白可读的，则都属于西周时代。这都是考证中国古代上层统治阶级宗教观念和政治观念的上好史料。大体上他们常抱着一种敬畏与严肃的心情。他们敬畏上帝，敬畏祖先，敬畏民众的公共意志。他们常不敢放肆，不敢荒淫惰逸，相互间常以严肃的意态警诫着。无论同辈的君臣，或先后辈的父子，他们虽很古就统治着很大的土地和很多的民众，但大体上，永远是小心翼翼。这是中国政治上的最古风范，影响后世十分深切。

《诗经》的年代较后于《尚书》。韵文较散文晚出，民间性的文学作品较后于上层统治阶级政治性和历史性的文件，这也可代表说明中国文化之一个特征。《诗经》是中国文学最先的老祖宗，中间有不少当时的民间歌词，被采收而保存了。这全是些极优美极生动的作品，后代的中国文学，都从此演生。全部《诗经》共约三百首。其作品年代，则自西周初年下迄春秋鲁宣公时，约当西元前一千一百年至西元前六百年，包括着五百年的长时期。在这三百首诗中间，虽有许多宗庙里祭享上帝鬼神和祖先的歌曲，但大体上依然是严肃与敬畏心情之流露，亦有一种"神人合一"的庄严精神与宗教情绪，但却没有一般神话性的玄想与夸大。中间亦有许多记载帝王开国英雄征伐的故事，但多是些严格经得起后代考订的历史描写，亦附随有极活泼与极真挚的同情的想像，但绝无像西方所谓史诗般的铺张与荒唐。中间亦尽有许多关涉男女两性恋爱方面的，亦只见其自守于人生规律以内之哀怨与想慕，虽极执着极诚笃，却不见有一种狂热情绪之奔放。中间亦有种种社会下层以及各方面人生失意之呼吁，虽或极悲痛极愤激，但始终是忠厚恻怛，不致陷于粗厉与冷酷。所以说："《国风》好色而不淫，《小雅》怨诽而不乱。"又说："哀而不伤，乐而不淫。"又说："温柔敦厚诗教也。"这些全能指陈出在古诗中间透露出来的中国古代人心中的一种境界，一种极真挚诚笃而不偏陷的境界。孔子曾说："诗三百，一言以蔽之，曰：'思无邪'。"亦是指着这种境界，这种人类情思之自然中正合乎规律而不致放肆邪僻的境界而说的。

我们可以说，《诗经》是中国一部伦理的歌咏集。中国古代人对于人生伦理的观念，自然而然地由他们最恳挚最和平的一种内部心情上歌咏出来了。我们要懂中国古代人对于世界、国家、社会、家庭种种方面的态度与观点，最好的资料，无过于此《诗经》三百首。在这里我们见到文学与伦理之凝合一致，不仅为将来中国全部文学史的渊泉，即将来完成中国伦理教训最大系统的儒家思想，亦大体由此演生。孔子日常最爱诵诗。他常教他的门徒学诗，他常把"诗""礼"并重，又常并重"礼""乐"。礼乐一致，即是内心与外行，情感与规律，文学和伦理的一致。孔子学说，只是这一种传统国民性之更高学理的表达。

我们再从另一方面看，《诗经》三百首，大体上全是些轻灵的抒情诗，不需凭借像史诗、戏曲、小说等等具体的描写与刻画，只用单微直凑的办法，径直把握到人类内心的深处。这一点又是表出了中国传统文学与艺术之特性。中国史上文学与艺术界之最高表现，永远是这一种单微轻灵，直透心髓的。我们可以说，中国民族是一个崇尚实际的民族，因此其政治性与历史性的散文早已发展成熟了，而后始有抒情文学出现。但这一种文学，依然不脱崇尚实际的精神，他们所歌咏的，大部多以人生伦理为背景，只其形式则极为空灵轻巧，直凑单微。换言之，他是以超脱的外表来表达缠着的内容的。我们要了解中国人此下发展的文学与艺术之内部精神，及其标准风格，我们亦应该从《诗经》里去探求。

第三部孔子以前的经典，为后代尊重的，是《易经》。《易经》里的《十传》，经后人考订，实出于孔子之后。但上下二篇的《周易》本文，则不失为孔子以前的一部古书。这本来是当时占卜人事吉凶用的书，但中国后代的人生哲学，却由此有所渊源。这部《易经》有些方面也很像《诗经》。占卜人事吉凶，亦属人生实际方面的事，但《易经》的卦象，却用几个极简单极空灵的符号，来代表着天地间自然界乃至人事界种种的复杂情形，而且就在这几个极简单极空灵的符号上面，中国的古人想要即此把握到宇宙人生之内秘的中心，而用来指示人类种种方面避凶趋吉的条理。这可说和《诗经》是一样的，又着实而又空灵的，指示出中国人艺术天才的特征。因此《易经》虽是中国一部哲学书，但同时亦可说是中国的一件文学或艺术作品。中国哲学与中国文学艺术是一般的极重实际，但又同想摆脱外面种种手续与堆砌，想超脱一切束缚，用空灵渊微的方法直入深处。这全都是中国国民性与中国文化之一种特征。

现在把《易经》里的原始理论约略叙述如次。

人事尽可能的繁复，但分析到最后，不外两大系统。一属男性的，一属女性的。人事全由人起，人有男女两性之别，无论在心理上生理上均极明显，不能否认。《易经》的卦象，即由此观念作基础。"—"代表男性，"– –"代表女性。这是卦象最基本的一个分别。但"—"与"– –"的对比，太简单了，不能变化，乃把"☰"三叠而成为"☰","--"三叠而为"☷",代表一种纯男性与纯女性。"☳、☵、☶"三形代表偏男性,"☴、☲、☱"三形代表偏女性。如此则成了八个卦象。若以比拟家庭,则"☰"为父,"☷"为母,"☳"为长男,"☵"为中男,"☶"为少男。"☴"为长女,"☲"为中女,"☱"为少女。若以比拟自然界,则"☰"为天,"☷"为地,"☳"为雷,"☵"为水,"☶"为山,"☴"为风,"☲"为火,"☱"为泽。若以比拟动物,则"☰"为马,"☷"为牛,"☳"为龙,"☵"为豕,"☶"为狗,"☴"为鸡,"☲"为雉,"☱"为羊。如此比附推演,天地间一切事事物物,有形无形,都可把八卦来象征。由此再进一步,把八卦重叠成六十四卦,则其错纵变化,可以象征的事物,益焉无穷。如"☲☴"象木在火下,这在事便可代表着烹饪,在物便可代表着鼎鬲。如"☶☱"象少男追随少女之后,便可代表恋爱与婚事。《易经》便把如此简单的六十四个符号,变化无尽地来包括了天地间极复杂的事事物物,因此我们要说他是代表着中国艺术性之一面。但是又如何用来判断吉凶的呢?这其间亦有几条基本原理。

《易经》六十四卦,都由两卦叠成,在时间上象征前后两个阶段,在空间上象征高下两个地位,"时"和"位",是《易经》里极重要的两个基本概念,几乎如分别男性女性一样重要。这是说,在某一时候的某一地位,宜乎采取男性的姿态,以刚强或动进出之的,而在某一时候的某一地位,则又宜乎采取女性的姿态,以阴柔或静退出之了。又《易经》的每一卦,都由三划形成,这无论在时间或地位上,都表着上、中、下或前、中、后三个境界。大体上在最先的阶段或最下的地位，其时则机缘未熟，事势未成，一切应该采取谨慎或渐进的态度。在最后的阶段或最高的地位，其时则机运已过，事势将变，一切应该采取警戒或退守的步骤。只在正中的一个地位和时间，最宜于我们之积极与进取的活动。若把重卦六爻合并看来，第二第五两爻，居一卦之中坚，最占主要地位。第三第四爻，可上可下，其变动性往往很大。最下一爻和最上一爻，则永远指示着我们谨慎渐进或警戒保守。如此再配上全卦六爻所象征的具体事物，及其全个形势，则其每一时间每一地位应取的刚柔态度和可能的吉凶感召，便不难辨认了。

我们总括上面所说，《易经》里实包有下列三个最重要的基本观念。

一：是人类自身内部所有男女刚柔的"天性"。

二：是人类在外面所遭逢的"环境"，其关于时间之或先或后，与地位之或高或下，及其四围人物及与事变所形成之一种形势。占卦所得之某一爻，即表示其时与地之性质，其余五爻，即指出其外围之人物与事态者，此即所谓"命"。

三：是自己考量自己的刚柔姿性，与外部的环境命势，而选择决定其动静进退之"态度"，以希望避凶趋吉的，此即所谓"道"。

因此《易经》虽是一种卜筮之书，主意在教人避凶趋吉，迹近迷信，但其实际根据，则绝不在鬼神的意志上，而只在于从人生复杂的环境和其深微的内性上面找出一恰当无讹的道路或条理来。最先此种占卜应该是宗教性的，而终于把他全部伦理化了。而且此种伦理性的指点与教训，不仅止于私人生活方面，还包括种种政治、社会、人类大群的重大事件，全用一种伦理性的教训来指导，这又是中国文化之一个主要特征。

孔子生前是否精研过《易经》，现在无法知道，但《易经》成书，应该远在《春秋》之前，而《易经》里的几条基本原则，是颇合于将来儒家思想之路径的。又因为《易经》里简单几个"象"与"数"的符号，可以很活泼的运用，而达于极为深妙的境界，因此后来的儒家，并有道家，都喜欢凭藉《易经》来发挥他们的哲理。于是《易经》这部书，到底和《诗》《书》一样，也成为中国古经典之一了。

二

以上说的，是孔子以前的典籍而流传至今的。尚有不少我们知道有此种书，并很重要，而早已失传的，约略言之，可分两大类。一是"礼书"。"礼"本是指宗教上一种祭神的仪文，但我们在上文速说过，中国古代的宗教，很早便为政治意义所融化，成为政治性的宗教了。因此宗教上的礼，亦渐变而为政治上的礼。但我们在上文也已述说过，中国古代的政治，也很早便为伦理意义所融化，成为伦理性的政治。因此政治上的礼，又渐变而为伦理上的，即普及于一般社会与人生而附带有道德性的礼了。我们现在为"礼"字下一简括的定义，则礼即是"当时贵族阶级的一种生活习惯或生活方式"。这一种习惯与方式里，包括有"宗教的、政治的、伦理的"三部门的意义，其愈后起的部门，则愈占重要。这正恰好指示出中国古代文化进展之三阶级。在春秋时代，便有许多记载着当时乃及以前各种礼的书籍存在着。孔子最热心古代研究，最热心人生研究，无怪其特别注重于当时的礼书。我们可以想像，当时各种礼书，一定很繁重，先后之间所行的礼有不同，各国之间所行之礼亦有不同。礼常在分化与变异中。他们又未必全有记载，记载的亦未必全部能勒成书。当时各国的贵族阶级，其自身便不能认真知道这许多随时随地分化与变异的礼，更说不出那礼的后面由宗教而政治、由政治而伦理的随着文化大流而演进的意义。他们不仅对旧礼多所遗忘与错失，他们并引起了许多虚伪和奢侈的、相因于封建社会之逐渐崩溃而起的一切不合礼意的新礼来。

孔子对当时的礼，独有许多精邃细密的研究，他一面发明出礼的内心，即礼所内含之真意，此即中国古代的礼所随着民族文化大流而前进的意义。第二：是孔子把握了此种他所认为的礼之内心和真意，来批评和反对当时贵族阶级一切后起的非礼之礼。第三：孔子根据礼意，把古代贵族礼直推演到平民社会上来，完成了中国古代文化趋向人生伦理化之最后一步骤。这是孔子平日讨论礼的大贡献。至于后世所奉为"礼经"的《仪礼》十七篇，经后人考订，其书应产于孔子之后。《周官礼》更晚出，应在战国末年。《大小戴礼记》中讨论礼意的文章，大体都出于儒家的传统见解，但兴起亦甚晚。

礼的重要，并不在其文字记载，而在其实际践行。中国古代人之礼的生活，现在尚可在《春秋左氏传》里，记载列国贤君、卿大夫的生活行事，以及《论语》里记载孔门的日常生活中，窥见其一斑。尤使后人向往的，如春秋时代列国卿大夫把赋诗来代替外交讨论之聪明与风雅，以及在两军对阵中相互间之馈赠与慰问的恳挚与大方。以及孔子的对于音乐与自然之爱好，及其对于日常严肃生活一种极细腻极恰适之调和，实可想像起中国古代人生一种文学的与艺术的了解，与其实现在人生境界中之崇高幽微的风格。因此我们若说中国古代文化进展，是政治化了宗教，伦理化了政治，则又可说他艺术化或文学化了伦理，又人生化了艺术或文学。这许多全要在古人讲的礼上面去寻求。

礼书以外，在孔子以前再有一类很重要的书籍，在当时称为"春秋"的，我们现在不妨称之谓"史书"。中国人是最看重现实人生的，因此他们极看重历史。最先的《诗》《书》，早已是一种极好的史料，而还不能说是严格的历史。从西周中叶，周宣王以下，直到春秋时代，孔子以前，中国各地史书便极度发展，当时有叫"百国春秋"与"百国宝书"的，可见当时的史书和礼书般一样普遍地存在于列国之间了。孔子曾根据鲁国《春秋》来写定另一部《春秋》，这在后代也成为中国经典之一的，这是唯一由孔子自著的经典。孔子《春秋》在中国文化史上，其贡献约有三要点。

第一：是孔子打破了当时国别为史的旧习惯，他虽根据鲁国国史，但他并不抱狭义的国家观念，在他的新史里，却以当时有关整个世界的霸业，即齐桓公、晋文公所主持的诸夏城郭国家和平联盟的事业为中心。

第二：是他的新史里有一种褒贬，这种褒贬，即是他的历史哲学，即是他底人生批评。他对于整个人类文化演进有一种广大而开通的见解，如楚国、吴国等，其先虽因其不能接近诸夏文化体系之故而排之为夷狄外族，到后来亦随其文化之演进而升进之为诸夏，与中原诸国平等看待。

第三：史书本来为当时宗庙里特设的史官之专业，现在由孔子转手传播到社会，成为平民学者的一门自由学问。

以上三点，孔子亦只在依随当时中国文化演进之大潮流大趋势而加速一步促其实现，与加进一层予以更深更新之意义。接着孔子《春秋》而完成的，有《春秋左氏传》，他在哲学意义上并不能对孔子有所超越，但在收集与比排材料方面，则更完密了，此为中国古代第一部最翔实最生动的历史。包括将近三百年内几十个大国错综复杂的一部大史书。我们可以直接了解那时代的文化真相的，全靠着这部书。

以上述说《书》《诗》《易》《礼》《春秋》五种，后世合称《五经》。"礼经"以《仪礼》为之，又加入《乐》，则称《六经》。《乐》似乎只是唱诗的谱调。孔子对此极有研究，可惜后代失传，现在则很难详说了。我们只根据这几种经典，便可知道中国古代文化是如何的注重于政治、历史、伦理、人生方面的大概。我们也只根据这几种经典，便可了解孔子学说之来历。

三

在孔子以前的春秋时代，还出生了不少的贤人。他们的思想和信仰，行为与政绩，都载在《春秋左氏传》里，只要我们稍一翻读，他们的精神笑貌，还都如在目前。但无论如何，他们总是古代贵族阶级里的人物，直要到孔子出来，始为中国史上平民学术之开始。现在我们姑行略去春秋时代，一述春秋以下之平民学者。

平民学者中最著的有儒、墨两派。儒家创始于孔子。"儒"为术士之称，他们通习礼、乐、射、御、书、数，古称"六艺"。礼、乐上文已说过，射、御则只是礼之一节，书、数更属较为初级的技能。大抵当时的贵族阶级，照例都须通习此六艺，平民要想到贵族家庭去服务，至少亦必习得此六艺中之一二。这便是当时之所谓"士"。士的出身，其先多由贵族的庶孽子弟，及较低级的贵族子弟充任，其后始渐渐落到平民社会里去。孔子便是正式将古代的贵族学传播到平民社会的第一人。他自己是一个古代破落贵族的子弟，因此他能习得当时存在的贵族的一切礼和艺。孔子又能把他们重新组织，加以一个新的理论根据。古代典籍流到孔子手里，都发挥出一番新精神来。因为孔子自身也是一个儒士，所以后世称他底学派为儒家。儒家之后为墨家，墨家创始于墨子，其学说较之孔子时代更见平民精神了。以下学派，便逃不掉此儒、墨两派的范围。

"墨"字的本义，是一种刺面涂色以为奴隶标帜的刑名。古代的奴隶，或由罪犯俘虏，大率集居城市，或分配到贵族私家，或特别训练成一专门的技工。其知识程度与其身分，较之一辈儒士，或有不如，但以较普通农民社会，有的反而超出远甚。据本书作者的意见，墨家"墨"字，便是取义于古之墨刑。大抵墨家发动在古代一个工人集团里，或者墨翟自身便是一个受过墨刑的工人亦未可知。他较原始的弟子与徒从，恐怕也以工人为多，所以这一学派便称为墨家了。

儒家学派所得于古代传统的，是许多古代的典籍以及当时贵族阶级流行的一切礼文仪节。墨家学派的始创祖墨子，据说亦在儒家门下受业过。因此对于那些古代典籍及一切贵族礼亦多知道。但他们另有一传统，则为当时的工业技能与科学知识。

中国的工业，发达很早。殷商时代的青铜器，钟鼎之类，保存到现在的尚不少。那已是三千年前的古物了。我们只看那些铜器制造之精美，便可推想中国古代工业发展，在此以前，应该早有一个很长的时期了。中国工业亦与中国文化精神全体相配合，大抵是甚为精美而不流于奢侈，多切实用而又寓有人生伦理上的教训意味的。古代的彝器，多作宗庙祭祠之用，又多加上铭文，大半是既可作历史纪念而同时又寓有人生大义的格言和训词。这正可代表中国工业发展的方向与其意义之一斑。

铁器究竟始于何时，现尚不能定论，但春秋中叶以下，铁器使用已甚广泛。战争用的剑与耕稼用的锄，全都用铁制。

冶金术以外，在中国工业上发展极早的，要算陶器。中国古陶器的体制装饰，多与铜器相仿。大抵陶业先盛，青铜器继之，故一切仍仿陶器形制。陶器上亦多刻文。

在中国工业上发明甚早的尚有蚕桑与丝织。这至少亦是三千四五百年以前所发明的技术了。这种技术自然与人生日用有极大关系。据古史传说，在很早的古代，中国人衣服上已有刺绣，分绘日、月、星、山、龙等物象，藉以为政治上贵贱等级之分辨。此亦中国工艺美术，一切都自然归附到人生实用并寓有伦理教训方面的意味之一证。

除却陶器与丝织，中国古代工业极重要的是车的制造，这是仍然有关人生日用并更切要于战争方面的，同时亦用来表示政治上的贵贱等级。古人常以"车服"并称，可见当时车的重要。

上述铜器、陶器、丝织（衣）与木器（车）的四项，为中国古代工艺亦即美术上最重要的四项。中国人的美术，常附加在工业上，而中国的工业，常注重在有关一般人生日用的器物上。这是中国工艺美术与中国整套文化精神相配合之点。

其他像庙宇、宫殿的建筑，据古书所载，似颇简朴，并不能与当时的铜器及车服等等的精美程度相配合。中国人的观念，对此等大建筑，无关一般人生日用的，似乎认为奢侈，常加反对。在中国古史上的大工程，只有有关农事的水利工程，有关交通的道路工程，及有关防御的要塞工程如长城之类。其他则全是些小工艺，既没有像古埃及人之金字塔等全属宗教意味的伟大建筑，亦没有像古希腊人石像雕刻等属于纯美术性的创制。在中国是工业与美术合流了，仅在有关一般人生日用品方面，而流露了中国人之心智与技巧，使日常人生渐于精美化，这是中国工艺美术之一种特性。

墨家学派在此工人集团的统治信仰中产生，因此他们的理论，显然偏向实用，偏向于一种极富伦理性的实用方面去。但墨家理论，不免过分注重人生实用了，因此不仅极端反对奢侈，而且也忽略了一般的审美观念之重要。但在工人集团的意见里，他们反对审美观念亦不足为奇。因为当时的审美观念，大体上是借用来分别人类的贵贱等级的。墨家反对人类社会之阶级分别，自然要牵连反对到一切文饰即审美方面了。

墨家学派，因为起于当时的工人集团，因此不仅他们熟练于种种的工艺制造，并亦通晓许多在当时有关制造方面的科学知识。尤其著名的，如墨子创制防御鲁国巧匠公输般所造攻城利器云梯的故事。如关于数学、几何学、力学、重学、光学种种方面的知识，现在有很多部分还保留在《墨子》书中几篇"经"和"经说"里。

墨家学派，不仅有许多科学智识，并亦有他们一种独创的逻辑与辨证法。这一种逻辑精神与辨证法，在墨子的言论里，到处流露出他的一种特有的风格，将来这一学派的流传，便成为名家。

但是墨家学派更重要的，在其实践精神，在其对于改造社会运动之带有宗教性的狂热。因此其工艺制造方面及逻辑辨证方面，到底成为旁枝，不占重要的地位。

四

现在再把儒、墨两家思想加以简要的对比。

上面说过，中国古代，是将"宗教政治化"，又要将"政治伦理化"的。换言之，即是要将"王权代替神权"，又要以"师权来规范君权"的。平民学者的趋势，只是顺此古代文化大潮流而演进，尤其以儒家思想为主。他们因此最看重学校与教育，要将他来放置在政治与宗教的上面。他们已不再讲君主与上帝的合一，而只讲师道与君道之合一，即"道"与"治"之合一了。君师合一则为道行而在上，即是治世。君师分离则为道隐而在下，即为乱世。儒家所讲的道，不是神道，亦不是君道，而是"人道"。他们不讲宗教出世，因此不重神道，亦不讲国家至上与君权至尊，因此也不重君道。他们只讲一种"天下太平""世界大同"的人生大群之道。这便是"人道"，亦可说是"平民道"。

《论语》里的"仁"字，这是儒家理想中人道的代表。仁是一种人心的境界与功能，人与动物同有心，但动物的心只限于个体求生存的活动上，只有人类心，其功能和境界，超出一般动物之上，在同类中间可以互相感通，互相会合，不仅为个体求生存，并有成为大群文化的意义。这种心能和境界，在人类文化史里，也正在不断的演进和完成，其范围极广泛，但又极幽微，骤难确指。儒家常喜用"孝弟"两字来做这一种心的境界和功能之示例。孝弟便是人类超个体而相互感通的一种心境。孝是时间之直通，弟是空间之横通，故人心有孝，则人生境界可以悠久无尽；人心有弟，则人生境界可以广大无穷。孔子《论语》，除却孝弟外，又常说到"忠恕"。"尽己之谓忠，推己之谓恕"，忠恕也是指点人心而言。譬如人子尽他的心来孝顺父母，此便是其忠。要孝顺父母，必须先意逆志，了解父母的心理，此便是其恕。故孝、弟、忠、恕仍只一心，惟孝弟专对家属言，忠恕则泛及朋类。这种孝、弟、忠、恕之心，便是孔子最看重的所谓仁，也便是"人与人相处之道"。随后孟子又补出"爱敬"二字。《论语》里虽亦说到爱与敬，但把此两字特别提出，合在一起，认为人类心智里面的"良知良能",则是孟子。孝、弟、忠、恕全只是爱敬。人人莫不想望获得人家的爱与敬,我即先以此爱与敬施之人,即此便是孝、弟、忠、恕,亦即此便是仁,即此便是道。

孔子讲的道,有时像是依然要保留当时封建社会阶级性的"礼"的精神,但孔子在礼的后面已安放了一个新的灵魂,即是他常说的"人心之仁"。孔子认为"礼由仁生"。礼虽似阶级的,而仁则是平等的。礼虽似宗教的,而仁则是人道的。那时在政治化的宗教里的最大典礼,要算郊天之礼了,只有天子可以郊天,这是十分表示着阶级性的,但孔子不注重尊天而注重孝父母。孔子认为祭礼最庄严处即在发自人类内心的仁,祭天与祭父母,一样要由人类内心之仁出发。仁既为人人所共有之心境,则祭礼的庄严,亦应为人人所共有,无分贵贱。天子可以祭天,而人人可以祭其父母。人人能在祭礼中获得一种心的最高境界,使其内心之仁自然流露。人心能常有此种训练,与此种认识,则世界自可到达理想的人道。

孔子学说明明要把古代"政治化的宗教",在他手里再进一步而变成"人道化的政治"与"人道化的宗教"的。孔子学说也明明是根源中国古代传统的"家族情感"而发挥尽致的。因此孔子的教训,并不排斥或遗忘了政治性的重要,惟上帝鬼神的地位,则更见淡薄而已。孔子的教训里,依然保留着政治意味的"阶级性的礼",只在人道意味的"平等性的仁"的精神下面来推行,而宗教性与神道性的礼,则全变成教育性与人道性的礼了。孔子的教训,只在指点出人心中一种特有的境界和功能而加以训练。使之活泼流露,好让人自己认识。然后再根据此种心能来改进现世真实的人生，孔子拈出一个人心中"仁"的境界，便不啻为中国古代经典画龙点睛。从此古代经典皆有异样的活气了。

墨子意见稍和孔子不同。"宗教而政治化，政治而人伦化，人伦而艺术化"，上面说过，这是中国古代文化演进一大主流，这一主流的后面，有人类内心之自然要求做他的发动力。孔子思想，接受此大流而加以阐述发挥。墨子则有时蔑弃此大流而加以反抗。墨子站在人类平等观念上极端排斥贵族阶级，但他所主张的平等，实际上不好算是平等，而是无差别与齐一。他主张"兼爱"，便是一种"无差别""无分等"的爱。他说要"视人之父若其父"，这就违反了人类内心的自然情感，但他却说这是上帝的意志。在世人看来，我父和你父不同，在上帝意志看来，一样没有差别。所以墨子讲"天志"来做他提倡"兼爱"的根据。他的思想，一面违反了人类内心的自然情感，另一面又要落入了宗教的旧陷阱，遂又不得不忽略了政治性的重要。又因为墨子太注重无差别的平等了，而且他所注重的平等，又太偏于物质生活的经济方面，因此他又彻底反对"礼乐"，他认为礼乐是阶级性的有差别的一种奢侈，因此墨子学说里，绝少艺术、文学的趣味。他虽似很接近古代素朴的宗教观念，但他却缺乏了一种对人心特设的训练方法，他没有想到如何让人类的内心好与他所信仰的上帝意志相感通。他虽重新采用了古代宗教的理论，但又毁弃了古代宗教的一切仪式和方法。这因为他太看重人生经济实利方面，他只在人生经济实利方面来建筑他的无差别的平等主义。他认为等级与差别全是奢侈。他于是只认现社会最低标准的物质生活为人类理论上的正格生活。他在这个理论上，装上上帝意志来强人必从。墨子的人格是可敬的,但其理论则嫌疏阔。墨子彻底反对古代贵族制度及其生活,在这一点上墨子的态度似比孔子更前进了。但他不免又回复到古代素朴的上帝鬼神的宗教理论上去,则确乎比孔子后退了。

从另一面说,孔子虽然不讲上帝,不近宗教,但孔子却有一个教堂。家庭和宗庙,便是孔子的教堂。墨子虽主张有上帝,迹近宗教,但墨子缺乏一个教堂,因他不看重家庭与宗庙。墨子到底把捉不到人心,墨子的学说便缺乏深稳的基础,又违反了中国古代由家族情感过渡到人道观念的传统精神。因此在将来,墨家思想便为儒家思想所掩盖,不能畅行。

但孔子一派的儒家思想,亦有他的缺点。

第一:是他们太看重人生,容易偏向于人类中心、人类本位而忽略了四围的物界与自然。

第二:是他们太看重现实政治,容易使他们偏向社会上层而忽略了社会下层;常偏向于大群体制而忽略了小我自由。

第三:因他们太看重社会大群的文化生活,因此使他们容易偏陷于外面的虚华与浮文,而忽略了内部的素朴与真实。

每逢儒家思想此等流弊襮著的时候,中国人常有另一派思想对此加以挽救,则为庄老道家。

据本书作者的意见,庄子当与孟子同时,而《老子》书的作者则较晚,应该在荀子稍前或与荀子同时了。儒、墨为古代平民学派先起之两大派,而道家则较为后出。"儒""墨"两字,皆有特别涵义，为古代社会之两种生活流品，而"道、法、名、阴阳"诸称，一见便知为学派名称；即此可证其间之先后。

道家思想是承接儒、墨两派而自为折衷的。但论其大体，则道家似与墨家更近。他们同时反对古代传统的礼，认为不平等而奢侈。又同样不如儒家般以"人本主义"为出发。墨、道两家的目光与理论，皆能超出人的本位之外，而从更广大的立场上寻根据。惟墨家根据"天"，即"上帝鬼神"，而道家则根据"物"，即"自然"。《庄子》书里有许多极精美的自然哲学的理论，但到《老子》书里则似乎又偏向于人生哲学及政治哲学的分数多了。因此庄老哲学之流传，到底并不能真的走上自然哲学与科学的路，（但后世一切科学思想与科学知识，仍多附杂在道教里面。）而依然循着中国民族文化之大传统，仍折回到人生方面来。因此在中国思想系统里，儒、道两家遂成为正、反两大派。儒家常为正面向前的，道家则成为反面而纠正的。此两派思想常互为消长，这在以下几章里，尚须讲到。

以上所述儒、墨、道三家，他们都能站在人类大全体上讲话。其余名、法、农、杂、阴阳、纵横诸家，则地位较狭，不能像他们般有力了。

五

现在我们再把中国古代学术，作一个简括的叙述。大体在孔子以前，那时的书籍，后世称之为"经书"，那时的学术，全操在贵族阶级手里，我们可以称之为"贵族学时代"。在孔子以后的书籍，后世称之为"子书"，那时的学术，则转移到平民阶级手里，我们可以称之为"平民学时代"。平民学者全体反对贵族阶级之特权，不承认社会上有贵贱阶级之存在，因而也不主张列国分裂。因为主张狭义的国家主义的，其后面到底不免要以狭义的阶级权利为立场。正因春秋、战国时代，平民学盛行，因此秦、汉以下，始能造成一个平等社会与统一国家。但我们要知道，纵使在孔子以前贵族学时代的经书里面，也并未涵有极狭义的阶级主义，孔子以前的一辈贵族，早已抱有开明广大的平等精神与人道主义了。孔子的新精神与新学说，仍不过从古代经书里再加一层阐发与深入而已。因此孔子同时是平民学的开创者，又是贵族学的承继人。在中国学术上，贵族学时代与平民学时代，一脉相传，只见是一种演进，却不见有所剧变与反革。即在社会上由贵族时代过渡到平民时代，也只见其为一种演进，没有双方斗争与抗革的迹象。因此孔子以外的许多平民学者，其极意反对贵族阶级的，在中国传统精神上看来，反而觉得有些过激不近情理，而孔子与儒家思想，遂不期而成为后代之正宗了。

六

现在再简略说到中国的文字。中国文字亦可说是由中国人独特创造，而又别具风格的一种代表中国性的艺术品。我们只有把看艺术作品的眼光来看中国文字，才能了解其趣味。中国文字至少有两个特征。

第一：他的最先，虽是一种"象形"的，而很快便走上"象意"与"象事"的范围里去。中国文字并不喜具体描绘一个物象，而常抽象地描绘一个意象或事象。这是和上文所说《易经》八卦要把简单空灵的几个符号来包括天地间复杂的万事万物一样的心境。只是《易》卦太呆板了，只能有六十四种变化，自然不能如中国文字般活泼生动。

第二：则中国文字能利用曲线，描绘一轮廓，较之巴比仑之楔形文字以及埃及的实体象形文，都便利得多。巴比仑的楔形文字，其难于变化，是限于他的楔形上，正如中国八卦之难于变化，是限于他的卦画上一样。埃及的象形文字，我们可以说他是一种需要阴体填黑的象形，譬如埃及的"牛"字，便需具体画一牛形，因而必要有阴体填黑的部分，中国古代的钟鼎文字，依然还有些是阴面涂黑的象形体制，但逐渐变化，则逐渐摆脱这个限制。如中国古文里的牛字"牜"，其实已不是物象而是意象了，他只用曲线描一轮廓，不再需要阴面填黑的部分。因此埃及文始终不能超过象形，而中国文很早便脱离了象形境界。中国文字可以说是利用曲线来描绘意象与事象的。

将来的中国画，依然也还利用线条来描绘意象与事象。到魏、晋以后，中国人的书法，成为中国人最标准的艺术。书法的受人重视，超乎其他一切艺术之上。其实中国书法也只是一种运用线条来表出意象与事象的艺术，就其内在的理论上，不仅与图画同一精神，实可说与中国创造文字之匠心亦是同一精神的。我们还可以说，中国的文字和文学，亦走在同一路径上。他们同样想用简单的代表出繁复，用空灵的象征出具体。

中国文字，因为能用曲线来描绘物象、事象和意象，因此其文字数量得以宽泛增添，这已在上面讲过。但到后来，中国文字又能在象物、象事、象意之外，再加上一个"象声"的部分。因为每一声音各有其代表的每一意义，因此某一字之赋有某声者，便可假借此声来兼代某意。如此无形中又增添了许多字，虽则在事实上，文字数量并没有增添。由此再进一步，把一代表声的部分来和象物、象事、象意的另一部分相配合，把两个单体字联合成一个复体字，成一"形、声"组合的新字，这一来文字数量更大量增添了。只就现在安阳殷墟出土的兽骨和龟甲上刻的贞卜文字而论，在约莫十万片的甲骨上，其字体经近人大略整理，至少亦已超过了四千个。那是商代的情形，直到周代以后，新文字还是继续产生。各地的人只要援用此种"象物、象事、象意、象声"的四项规则，大家一样可以造字。只要造出的字能自然恰当，各地人也一样很快接受，很快推行，成为一公认的新字。因此文字数量逐步增多，而文字使用的区域也逐步推广了。同时也有许多旧的不自然不恰当的字，也就因文字创造之逐渐进步，而逐渐的淘汰不用了。

若论中国文字究竟起始于何时，则现在尚无法考定。就殷墟文字的形制上及数量上说，那时文字演进已甚久，距离初创文字的时代必已甚远。民国十九年山东济南附近城子崖的发掘，在那里也发现了文字。据考古家推定，城子崖应是在西元前二千年以上的遗迹，约当夏朝时代。从此以下，直到战国末年，在此两千年间，中国文字正永远在不断的改造与演进中。

中国文字本来是一种描绘姿态与形象的，并不代表语言，换言之，中国文字本来只是标意而不标音。但自形声字发明以后，中国文字里面声的部门亦占着重要地位，而由此遂使"文字"和"语言"常保着若即若离的关系。举其重要者言之，首要是使中国人得凭借文字而使全国各地的语言不致分离益远，而永远形成一种亲密的相似。譬如虎，有些地方呼作"於菟"，但因"虎"字通行，"於菟"的方言便取消了。笔有些地方呼作"不律"，但因"笔"字通行，"不律"的方言也取消了。如此则文字控制着语言，因文字统一而使语言也常接近于统一。在中国史上，文字和语言的统一性，大有裨于民族和文化之统一，这已是尽人共晓，而仍应该特别注意的一件事。

中国文字一面可以控制语言，使语言不致过分变动和分离，但另一面也常能追随语言以适应新的需要与运用。社会上不断增进了新事物，照中国文字运用惯例，却不必一样的添造新文字，只把旧字另行配合，便等于增添新字。譬如电灯、火车之类，在中国文字里，"电灯"二字便譬如一新字，"火车"二字也譬如一新字。此种配合，可以无穷无尽，而永不需另造新字。又如火柴，有些处呼作"洋火"，有些处呼作"自来火"，有些处呼作"取灯儿"，各地的方言，譬如各地各造各的新字，但结果是"火柴"一名通行了，那其余的都淘汰了。如此则不仅不需另造新字，而且火柴一名，又控制了各地的方言，使他们都称火柴而不再有别的称呼。因此中国文字虽在追随语言，而仍能控制语言。

在殷商时代的中国，早已有四千多字了，直到现在，经过了三千多年的演进，一般社会上仍只要四千多字，或尚不要四千多字,已经够用。所以在战国以前,可说是中国人"创造文字"的时代。战国以下,则是中国人"运用文字"的时代了。中国的古文字,(指战国以前的文字)几乎变成中国的新文字(指战国以后之文字)之字母。中国人有了近乎二三千个字母,彼此配搭,永不感到不够用。如此则中国人便可永不要添造新字,在三千年以下的人,只要略加训练,便可认识三千年以上的古文字。而三千年以上的古书,现在中国的普通学者大都仍能通读。中国文字实在是具备着"简易"和"稳定"的两个条件的,这一点不能不说是中国人文化史上一种大成功,一种代表中国特征的艺术性的成功,即以"简单的驾驭繁复",以"空灵的象征具体"的艺术之成功。

要明白中国文化之所以能扩大在广大的地面上,维持至悠久的时间,中国文字之特性与其功能,亦是很重要的一个因素。

第五章　文治政府之创建

一

西历纪元前二四六年的时候，在东方世界上算已有一个世界政府出现了。以后的一段时期，主要的努力，在乎把此政府如何充实、改进，以达理想的境界，这是从秦始皇到汉武帝的时期。这段时期，是中国国家凝成民族融和开始走上大一统以后一段最光明灿烂的时期。那时的疆土，已和近代中国相差不远。东方和南方直达海边，东北包括朝鲜，西南包括安南。只西北秦代疆域并未越过今甘肃兰州境，当时的长城即以此为界，要到汉武帝开设河西四郡，疆域始展至今之安西与敦煌。在那时中国的文化势力，可算已达到他尽可能的边线了。

秦、汉北方的大敌有匈奴。匈奴与中国，在当时又成了耕稼与游牧两种文化对峙的局势。因地理的关系，中国一时无法叫匈奴耕稼化，便一时无法用中国的理想来强匈奴以从同。秦、汉政府对付匈奴，便只有两条路。

一：是"隔绝"。秦始皇的万里长城便为此用。希望异文化的匈奴人暂时隔离在长城外，慢慢进行同化与融和的工作，这便成了汉初之"和亲政策"。

二：是"招徕"。如汉武帝以下之对待南匈奴，把匈奴人移入内地或边疆，与中国国民同一待遇，好把中国传统文化教导灌输给他们。武力挞伐，则是不得已。

在中国人观念里，匈奴不归化，便是理想的世界政府不完成，这实在是一个大缺陷。中国历史上传统对外政策，主要常在和平与融洽，不在武力之扩张。求大同文化世界之实现，不在偏狭的帝国主义之发展。让我们回头来，看一看秦、汉政府之内面，便可知道。

秦、汉政府，虽经王朝更易，其实是一气相承的。西周时代已可说有统一政府，只是"封建制的统一"。秦始皇帝代表着中国史上第一个"郡县制的统一政府"之开始。汉高祖代表着中国史上第一个"平民为天子的统一政府"之开始。汉武帝代表着中国史上第一个"文治的统一政府"即"士治"或"贤治"的统一政府之开始。这是当时中国人开始建设世界政府以后之三步大进程。下面慢慢加以说明。

二

古代的贵族阶级和封建制度，虽在统一政府下，常不免趋向分割，必待平民社会逐渐觉醒，逐渐抬头，始有进一步统一之需要。由春秋中叶，直到战国末期，四百年间，平民社会各方面势力，继涨增高，进一步的统一要求，愈来愈盛，秦始皇帝的统一，即承应此种要求而产生。但秦王室依然是古代一个贵族阶级之遗传，在此平民势力日涨，贵族势力日消的历史大潮流里，秦国到底也须崩溃。秦国的统一事业，只是当时历史进展中应有之一过程。秦王室终于继续其他列国王室而趋于灭亡，古代贵族阶级，到此全部消灭，而后这一个统一政府，开始完全掌握到平民社会的手里。秦国统一，只是旧局面转换到新局面之最后一步骤，必待汉高祖以纯粹平民为天子，始是正式的新时代之开始。

这一个古代贵族、平民两社会的势力消涨，并非仅是一个纯粹经济的或政治的斗争，在其后面尚有更深厚的哲学的或可说是宗教的人生理论与观念为指导。因此汉代的统一政府，开始虽为一种素朴的农民政府，而到后终必转化成一种文治的贤人政府。只要了解那时中国文化大流之趋向，便可知是一种势所必至的自然形态。

三

现在先检讨当时一般学术思想界的情形，再顺次说到实际政治问题。普通一般的见解，颇认为由秦始皇到汉武帝这一段，乃中国学术史上的空隙时期，似乎古代学术进展到此便落空或间歇了。这是一种错误的观念，并非历史真相。先秦时代，学术思想极度自由，极度发展，成了百家竞鸣道术分裂的状态。继此以来的新时代,学术界思想界与政治社会一样需要统一。从秦始皇到汉武帝这一段时期,正是当时一辈学者努力从事于调整与统一的时期。

上面说过,先秦思想,虽说百家竞鸣,最伟大的不外儒、墨、道三家。墨家精义多半为儒、道两家所吸收,其形成正反对抗形势的,只剩儒、道两家。现在要做调和与统一工作的学者,摆在他们面前的只有三条路。

一:是超然于儒、道、墨诸家之上而调和统一之。
二:则就道家为宗主而调和统一儒、墨及其他各家。
三:就儒家为宗主而调和统一道、墨及其他各家。

最先努力的便走了第一条路,稍后又分走了第二第三条路。若要走第一条路,非其气魄聪明更超于诸家之上,即不足以超越诸家而另创一新的统一。孔子即曾如此。以下有志于这一工作的,便是秦相吕不韦,广招宾客,写成了一部《吕氏春秋》,亦想调和统一以前的诸家。但他们并没有更超于诸家之上的更伟大更高明的观点与理论,因此他们便没有吸收融和诸家的力量,只在诸家思想里左右采获,彼此折衷,做成一种灰色的景象,这不算是成功。

代表第二路线的是汉武帝同时的《淮南王书》,由淮南王刘安和其宾客所撰成。在大体上说,道家思想是追随在儒家之后而加以指摘与纠正的,他多半属于批评性而非建设性,他在思想史上的地位,根本便不是一种最高境界,而且当时历史大流,正向

第五章 文治政府之创建

正面积极方面汹涌直前，因此《淮南王书》也不好算有成功。

代表第三路线的，应该是最适时宜而又最有成功希望的一条路线了。事实上，他们亦确有极大的功绩，只可惜这一工作不为后代的历史家们所注意。举其代表人物，则自李斯到董仲舒，他们全都与当时的实际政治发生极大的关系。举其代表著作，则应该以《易经》的《十传》，与收在《小戴礼记》中许多篇重要的文字为主。如《大学》《中庸》《礼运》《王制》《乐记》《儒行》等，全在儒家思想里有其很大的贡献，他们都能吸收道、墨各家的重要思想与重要观点，把来融化在儒家思想里，成一新系统，留给此后中国思想界许多极重大的影响。只可惜这许多重要著作者的姓名，全不为我们所知。而后来推尊这许多著作的学者，相率把他们的著作年代提前了，都认为在孟子、荀子以前，或者是孔子与其及身弟子之作品，遂把儒家思想的发展程序弄糊涂了，而又把秦始皇到汉武帝这一段时期，误认为是学术思想史上一段黯淡无光的时期。

代表第三路线的，除却上述，尚有邹衍创始的阴阳学派，亦在此下中国思想上占着极重要的地位。他们的思想，自然亦是包容各家而以儒为宗的，尤其与《易经》学派走了比较接近的路子。不过《易经》派的学者是在哲学与人生方面的兴味更浓些，而阴阳学家则在政治与历史方面的兴味更浓些而已。关于这一派的思想，以下尚有叙述，此不再详。

以上指明了从秦始皇到汉武帝一段时期里学术思想界的大概。我们可以说，在此时期，并非学术中歇，亦非先秦各家思想皆趋衰亡，而独留儒家，存其传统。在当时，实在有追随于时代潮流而兴起的一种综合的新思想，此派思想，并能把握到指导政治的潜势力。要明了此时期的政治演变，我们先需着眼于此派思想之精神。我们并不能仅看秦始皇与汉武帝为专制暴力之代表者。

在此首先要说到的，是秦始皇和李斯的焚书事件。一般见解常以此为秦始皇采用专制政策摧残学术之罪状，并谓学术中歇便由于此。其实此事在当时，纯粹是一个政治思想上冲突的表现，而秦始皇和李斯，则比较站在较开明较合当时历史大流的地位。要实现人类永久和平的寝兵理想，则就政治论，世界不应有两个国家或两个政府同时并存。就社会论，人类亦不应分两个阶级，贵贱或贫富，同时并存。秦始皇统一六国后，不再封建，便是这一个远大理想之实施，而非出于政治上之阴谋与私心。他在当时，实在是追随于战国以来，政治上不许有两个政府，社会上不许有两个阶级的"天下太平"与"世界大同"的时代思潮而努力求其实现的。若仅谋便于一姓一家私政权之统治与镇压，则分封子弟、宗室、姻戚、功臣，各带一部分军队到各地去驻屯，模仿西周开国规模，实较稳妥。当时东方一部分守旧泥古的学者，多请秦始皇复行封建，正为此。只有李斯力劝秦始皇弗从众议，而同时深感到思想言论上的庞杂情形，有碍于理想政策之推进。恰巧李斯的老师荀卿，素来主张一种智识上的贵族主义，李斯又憧憬于学术政治同出一尊的古代状态，遂开始请求政府正式出来统制学术。这是荀卿思想之过激与褊狭，亦是当时要求思想统一的一种自然姿态，并不能说是出于秦始皇个人之野心与私欲，亦并非他们存心摧残学术。后代人用"焚书"两字做题目，来概括这件政治大争议，又和"坑儒"事件合并，遂容易使人迷失当时的真相，细读《太史公书》，便知此事原委。

四

此下我们将约略把当时政治上的大体演变来证实上面的叙述。

古代政府，由春秋到战国，全由贵族组织。直到战国中晚，始有游士参加，这是平民学者参加政治之先声。但他们在政治上的地位，始终不过是一些客卿。政府基础，依然仍筑在贵族阶级身上。秦始皇统一天下，当时人说他"陛下有海内，而子弟为匹夫"。这始遵照当时学者理论，彻底打破了贵族政府之积习。待到汉初，全由一辈素朴农民为君为相的时代，转反有些迹近反动。一面重新封建诸侯，而中央政府则几乎成为一个军人政府的形态。代表天子治理全国政务的是宰相，这是秦制。但宰相非封侯的贵族不得为。依照当时惯例，非立军功不得封侯。因此当时追随汉高祖争夺天下的一个军人集团，在外则裂土封王，在内则封侯拜相。汉初政府实是一种"封建制度"与"军人政府"之混合物，较之秦始皇时代，不得不说是一种逆退。但不久封建势力再次削灭，重新恢复到秦代郡县一统的局面，这正是汉武帝开始即位时的情势。

继此又有一个大转变，便是平民学者公孙弘，纯粹因学者资格而获拜相，因拜相而再封侯，打破汉初旧制，从此以下，军人政府渐变成士人政府，这是一个政治制度上极堪重视的转变，因此转变而军人新贵族在政治上的特权取消，始可说到达了真符理想的"平民政治"的境界。要建立理想的世界政府，便决不是周代般的贵族政府，亦决不是汉初般的军人政府，一定应该是一种平民政府，由一辈在平民中有知识有修养的贤人，即士人，组织与领导的政府。试问汉武帝当时如何完成这一个工作？我们便须继此再讲到当时对于学官的一番新整理，此即当时之所谓"五经博士"。

本来当时的政府，依然还是由王室亲贵和亲信军人所组成，在其间仅有的代表学术意味的官职，只得附属于宗庙下面，保留着古代学术依附宗教之旧型。秦、汉时代政府里的学官，大概言之，可分两类。一为"史官"，一为"博士官"。史官自西周以来便有之，追论原始，则与巫师、药师、卜官、祝官等同为古代半僧侣式的宗教官吏。这些史官大体上多是世袭的。博士官则战国中晚以后始有，各国网罗平民学者，厚给俸糈，并不使负实际行政责任，只备顾问讽议，表示着当时处士议政的新风气。我们可以说史官是传统的，博士官是新创的。一带有宗教意味，而一则为平民性质。

秦代的博士官，因孔子有七十弟子之故，额定七十员，时得参议国家政治，发表意见。动议复兴封建制度的也是他们。因此一番争论，博士官的人选便重新加以整理，但此番整理，经后代观察，似乎是反而糟了。凡研究实际政治、历史、教育、文化问题的学者，或许因其意见易与当局者不合，而逐渐罢斥了。一辈专讲神仙、长生、文学、辞赋等等比较与现实政治不相干，而有时可以迎合皇帝消遣与迷信的需要者，转而充斥了。把当时的话来说，是讲经学的博士少了，而讲百家言旁门杂技的博士则多了。直到汉初此风未改。

第五章 文治政府之创建

战国以来的学者，虽说全是代表着平民身分，但他们的生活，大部分还需仰赖贵族阶级之供养。即如孔子、曾子、子思、孟子一派儒家，亦是其证。汉初学者除却集合中央，谋一博士官职外，又因封建制复活，多游仕诸侯，依然模仿战国策士的旧风习，常想兴风作浪，掀动内乱。否则讲一些神仙长生之术，以及当时盛行的辞赋之类的消遣文学，导奖奢侈，做一个寄生的清客。其注意政治、历史、教育、文化问题的，则必留心到较古代的典籍，即是当时所谓的经学方面去，在当时反而不易得志。那时在中央政府得志的学者，较恬憺的则为黄老派的隐士，他们主张清净无为。较切实的则为申韩派的法家，他们但知遵奉现行法律。这两派对于改进现实，均不胜任。一到汉武帝时代，中央再度统一，社会重臻繁荣，要求学术与政治的密切合作，遂有建立《五经》博士之举。

所谓"《五经》博士制"，并非博士制度之创始，只是博士制度之整理与澄清。将自秦以来的百家博士全取消了，而专设《五经》博士。专门物色研究古代典籍，注意政治、历史、教育、文化问题的学者，让他们做博士官，好对现政府切实贡献意见。那辈讲求神仙长生、诗辞歌赋，纵横策士以及隐士与法律师之类的地位，则降低了，全都从博士官中剔除澄清。此即所谓"排斥百家"，在当时的情形下，不可不说是一种有见识的整顿，也不可不说是一种进步。

更重要的，是规定《五经》博士教授弟子的新职，这是中国史上有正式的国立大学校之开始。以前封建时代，未尝没有政府教育，但大体上这种教育，为贵族子弟所专有，平民学者则另有一种自由教育,这是私家的,与政府无关。直到此时,才开始规定政府的学官《五经》博士,有教授弟子之兼职。其主要责任,还是出席政府会议,参预行政顾问等。此辈弟子,由郡县地方政府选送。十八岁以上的优秀青年,不限资格,均可应选。起初额定只五十员,此后逐渐扩充,到东汉末年,太学生多至三万人。相距不到三百年,学员增加至六百倍,那种惊人的发展,可以想到这一个制度在当时所发生的影响。

博士弟子最快的只一年便毕业,毕业后国家并为指定出身。考试列甲等的,多数可充皇帝的侍卫郎官。乙等以下的,以该学生之原籍贯为主,派充各地方政府的属吏。这样一来,渐渐全国地方政府里的属吏,全改成国立大学的青年学生了。将来此种属吏,服务有成绩,依旧得选送中央,充任侍卫,如此则皇帝近身的侍卫,也渐渐变成全是些大学青年了。依照当时惯例,中央与地方的各级官吏,多半由皇帝侍卫选充,因有这一制度,从前由皇室宗亲与军人贵族合组的政府,在现在不久以后,便完全变成由国家大学校教育及国家法定考选下的人才来充任。因此我们说,到汉武帝时代而始完成了中国史上"文治政府"之出现。这是中国人传统观念里的"理想政府"之实现,这是中国文化史上一个大成功。我们现在称他为文治政府,以别于从前的贵族政府与军人政府,这不能不说是一个大转变。而这一个转变的后面,显见有一种思想的领导。由秦始皇到汉武帝,大体上多少跟着这历史大潮流趋赴。此下的政府,便全依此种意义与规模而演进。

五

现在让我们乘便把秦、汉时代的政府再约略加以申说。

（一）**皇帝与王室** 商代的王位是兄终弟及的，在理论上，一家兄弟全都有做王的资格，这时是"家属观念超于王统观念"之上的。这是说他之所以得承王统，因其属于这个家族。周代的王位是父子相承的，而且不久便进步到成立一个极精密的长子继承法，那时则一个家族里只有一个系统成为王统，其余则由王帝分封而各成贵族。这时是"王统观念超于家属观念"了。这是说他之所以得为贵族，因其接近这个王统。到秦、汉时代，则除却王帝的一线系统外，王室在政治上绝无法定的特殊地位。此即所谓"陛下有海内而子弟为匹夫"，秦始皇时代已经是这样的标准了。汉初仍行封建，似近反动，但汉武帝以下，皇帝子弟名虽封王封侯，实际全不预闻政事。"王"与"侯"仅为爵位，表示一种社会地位之尊严，并非政治上的职权，绝无实际责任与实际势力。那时则政治上仅存一个"王统"，而没有所谓"王家"。王家与士庶人家在政治制度上是不相悬异的，至少理论上如此。中国秦、汉以下的王统，本意只在象征着中央政府之长治久安与一线相承，早已不是古代贵族观念下面所有的王统了。

（二）**丞相与政府** 皇帝为政府最高领袖，象征国家之一统，而非某家某族的一个代表。如此则王统已与古代贵族观念分离，只成为政治上之一种需要。但我们切莫忘了，秦、汉以下的中国，在当时譬如是一个世界，全国疆域辽阔，以古代交通之不方便，而且当时已无特殊的贵族阶级存在，民众地位普遍平等，若说要民选皇帝，这是如何一件困难事，我们自可想像而知。皇帝不经选举，只有世袭，可免纷争。但世袭未必皆贤，于是政治实权则交之丞相。丞相始为政府之实际领袖与实际负责人，丞相不世袭，可以任贤用能，而丞相更迭，亦无害于王统之一系相传。皇帝只是虚位，政治上最尊的一位，不摇不动，而丞相则操握政治上的最高权。只求丞相无不贤，则王统自可万世相传。秦始皇帝本此意见，自称始皇帝，希望二世三世永传无穷，这亦是当时政治上一种新理想，刺戟着秦始皇帝之想像，而禁不住使他发出这样高兴的呼声。因此秦、汉时代政府里的实际政务官，皆归丞相统率，而皇帝属下则仅有侍奉官，而无政务官。秦、汉初年，皇帝私人秘书"尚书郎"只有四人，可见政事并不直属皇帝，而丞相下面的曹掾，则所分项目超过十几门类以上。丞相的秘书处，其规模之大，较之皇帝的私人秘书室，不知要超过多少倍。我们只把当时这两个秘书机关的内容相互对比，便知在当时理论上乃至事实上，政府大权与实际责任，全在丞相而不在皇帝。"丞相"二字的语义，便是副皇帝。所以遇有天变大灾异，习惯上丞相要引咎自杀，而皇帝则不须作什么负责的表示。

（三）兵队　　封建时代，贵族阶级自己武装，拥护他们自己的利益。秦、汉时代虽亦有封王封侯的贵族，但他们的权益，皆由中央政府规定给与，用不着他们自己保护。王室只成一个私家，亦没有私养的军队。那时全国军队，皆由国民普遍输充。

二十三岁服兵役，五十六而免。中央政府即由全国各地壮丁按年番上驻防，论其数亦不过三四万人而已。据史书的统计，汉代疆域，东西九千三百零二里，南北一万三千三百六十八里，总面积在一万万方里以上，全国人口六千万，而中央常川驻军只有四万人，这可说是文治政府一个极显明的成绩与证据。

（四）**地方政府** 秦、汉是一个郡县统一的国家。秦并天下，全国初分三十六郡，到汉代末年，添置到一百零三郡，连封国在内。封国的政事一样由中央派官吏治理。县邑一千四百余。县中尚有蛮夷的称"道"，共三十二个，并计在内。这些郡县，在政治上完全站在同等的地位。他们同等的纳赋税，同等的当兵役。各地除边郡外，由地方兵自卫秩序。受同一法律的裁判，同样可以选送优秀人才享受国家教育与服务政治，并按人口分配员额。在东汉时，各地方每二十万人有选举一员之权利。秦、汉时在理论上乃至事实上，是一个平等组合的，是和平与法治的，而绝非一个武力征服的国家。因此各个郡县，都是参加国家组织之一单位，而非为国家征服之一地域。各地方每年向中央有法定的政务报告，称为"上计簿"，簿中详列每年户口、生产、赋税、兵役、刑狱、盗贼、学校、教育种种的统计。中央政府同时亦分区派监察调查专员，称为"部刺史"，共分十三部，按年在全国各地侦查。中央政府根据这些上计簿与部刺史之报告，来决定地方官吏之升降与赏罚。郡县属吏，尽由郡县长官自己辟置。县廷大者，其属吏多至千人。县令政绩优异，可升郡守，郡守一转便为三公九卿。汉代的宰相，大多数皆由郡县属吏出身。因此两汉时代的地方政治，成为中国历史上极有名极出色的。

六

我们再综述那时政治上几个重要点。

一：皇位世袭，象征天下一统。

二：丞相辅助皇帝，为政府领袖，担负实际行政责任，选贤与能。

三：全国官吏皆由公开标准考选，最要条件是受过国家指定教育，与下级行政实际经验。

四：入仕员额，依各地户口数平均分配。

五：全国民众，在国家法律下一律平等，纳赋税，服兵役，均由法令规定。

六：国内取消贵族特殊权利，国外同化蛮夷低级文化，期求全世界更平等更和平之结合。

这是当时秦、汉政府的几个大目标，而且确实是朝向着这些目标而进行。在这里，有一最困难的问题，便是由第一条皇位世袭而来的问题。当时政府所辖的面积，实在太大了。政治上了轨道，社会和平而安定，更无特权的贵族与军人跋扈，又无侵边的蛮夷，一切平流竞进，只有一个王室，长时期的传统，世世相承，安富尊荣。久而久之，王室自然要觉得高高在上，和一般社会隔绝分离。贤能的皇帝则专制弄权，庸懦的皇帝则荒淫害事。王室的不安，势必牵动到整个政府。要避免那种王室长期世袭的弊病,当时遂有一番新理论出现。那种理论,当时称为"五德终始说",或"三统循环论"。现在我们不妨称之为"王位禅让论"。这种理论,大体根据于战国以来的阴阳家。

中国是一个农业国,因此天文学上的智识,发达很早。据说在唐、虞时代,已产生了相当精密的历法。王室颁布历朔,指挥全国农事进行,这是一件极重要而寓有神秘性的大政令。到春秋时代,东周王室颁朔的制度,渐渐荒废,转而使天文学知识更普遍地在列国间发展。春秋后半叶,那时似已采用一种以"冬至日"为标准的历法,已有近于七十六年法之痕迹。以一年为三百六十五日又四分之一,经七十六年而年、月、日一循环。此等历法之推行,似较西方西元前三三四年楷立普司(Callippus)法还早。那时又似已制定十九年七闰法,亦较西方西元前四三二年梅顿(Meton)之发现为先。中国史上的天文学知识,大体是早于印度或西洋的。

一到战国时代,因于水、火、金、木、土五星的发现,"五行学说"随之而起,渐渐由此产生邹衍的"五德终始说"。这一个学说经过相当时期的演变,遂成为汉代学者之"王位禅让论"。大体谓天有青(木)、赤(火)、黄(土)、白(金)、黑(水)五帝,分配于春(木)、夏(火)、秋(金)、冬(水)四季,更迭用事。王者行政,便须相随于此五行时令而各择所宜。如此便配合上当时农事经济的实际需要,而建设了一套政治训条与政治日历。他们又认为历史上的王朝起灭,亦由此五德循环之故。每一王朝,相应于天上之某帝,如周为火德,上应赤帝;秦为水德，上应黑帝之类。这依然是一种"天人相应论"之变相。天上五帝更迭用事，地上王朝亦须追随更迭。

中国人根据历史观念，唐、虞、夏、商、周以来，已有不少的王朝兴废，因此认为绝对不能有万世一姓的王统。每一王朝，经相当时期，便应物色贤人，自动让位，模仿古代的尧舜。否则势必引起下面革命，如商汤与周武王用武力驱逐。这种意见，到汉武帝以后，在学术界更为流行，因为大家信为汉代之全盛时期已过，准已到自动让贤的时期了。那时有一位大臣盖宽饶，一位学者眭弘，皆因公开劝汉帝让位，得罪被杀，但那种禅让论依然流行，最后便酝酿成西元八年王莽的受禅。不幸王莽只有十六年便国乱身死，以下又是刘秀为天子，汉代中兴，前汉诸儒的自动让贤论，因此消沉下去。

及东汉末年，曹魏、司马晋皆以篡窃阴谋而假借禅让之美名，南朝宋、齐、梁、陈莫不如此，帝王让位变成历史上一件丑事。而且汉儒所提倡的禅让论，其本身也有缺点。依附于天文星象，迹近迷信。但你若要直捷根据民意，则那时的中国，国民公共选举制度又无法推行。若待政府大臣会议推选，则那时的中国已经不是贵族政府了，大臣皆出自民间，短时期内，常见更迭，不能形成一个凝定的中心力量。若叫他们来推选国家元首，势必另起纷扰。于是只有仍让王统世袭，成为中国政治上一个悬案，一个一时不获补偿的缺陷。但我们到底不能说中国秦、汉以下的政府，是一个帝王专制的政府。这由中国民族的传统观念以及学者理论的指导下所产生的政府，虽不能全部符合当时的理想，但已是象征着中国文化史上一种极大的成绩了。

七

上面叙述了秦、汉时代之政府组织，我们再一论及当时的国家体制。大体人类组织国家，不外几种类型。

第一种：如古代西方希腊之城市国家。
第二种：如古代西方罗马帝国以及近代英、法帝国等。
第三种：则如近代美、德联邦及苏维埃联邦。

但秦、汉时代中国人所创造的新国家，他的体制却全与上述不同。他不是一个城市国家，或像封建时代的小王国，那是不用再说了。但他又并不是一大帝国，并非由一地域来征服其他地域而在一个国家之内有两个以上不平等之界线与区划。第三他又不是联邦国，并非由秦代之三十六郡汉代之一百零三郡联合起来组织了一个中央，他只是中央与郡县之融成一体，成为一个单一性的国家。他是"中国人之中国"，换言之，则在那时已是"世界人之世界"了。所以汉代人脑筋里，只有"中国人管中国事"，或说是"中国人统治中国"，而在中国人与中国之大观念以下，再没有各郡各县小地域各自划分独立的观念。这一种国家，即以现在眼光看来，还是有他非常独特的价值。我无以名之，只可仍称之为"郡县的国家"。

城市国家是小的单一体，郡县国家是大的单一体。至于帝国与联邦国，则是国家扩大了而尚未到达融凝一体时的一种形态。将来的世界若真有世界国出现，恐怕决不是帝国式的，也不是联邦式的，而该是效法中国郡县体制的，大的单一的国家体制之确立与完成。这又是中国文化史在那时的一个大进步、大光荣。

第六章　社会主义与经济政策

一

中国政治思想上的"民本"观念，渊源甚古。《尚书》《左传》《论》《孟》书中，这一类的理论，到处可见。秦、汉时代，文治政府之创建，与社会思想之勃起，二者并行，这是不足为异的。

西周以下的封建社会，那时可说只分贵贱，不分贫富。农民受田百亩，缴什一之税，大体上是在一种均产状况下过活。封建社会渐次崩坏，农民游离田亩，工商人自由的新生业出现，一般经济，逐渐走上贫富不均的路，这已在上章约略说过。同时封建地主，亦希望税收增加，又希望手续简单。授田制度渐废，认田不认人，只收田租，不再派分田亩。一面奖励多耕，开除封疆阡陌，打破封建的旧格子，如此则农户中间亦渐生兼并，富者田连阡陌，贫者无立锥之地，又兼平民军队兴起，那时各国定制，杀获敌方一甲士，可封五户，成一小地主。井田制度破坏，农村均产状态消灭，这是古代东方封建社会崩溃一原因。

同时因郡县国家兴起,春秋以来支离破碎的几个小诸侯,各自关闭在他们底封建格子里的,到战国时代,单只剩七个乃至九个大国了。那时国内和国外的商业骤盛,大都市兴起。各国首都所在,全成为当时的大商场,尤其著名的,如齐国临淄(今山东临淄县);赵国邯郸(今河北邯郸县);魏国大梁(今河南开封县);楚国的郢(今湖北宜城县),这些都是当时极繁盛的商业集散地。因政治集中而商业集中,因政治扩大而商业扩大,又是古代东方封建社会崩溃之又一因。

二

自秦始皇到汉武帝一段时间内,统一政府稳定,文治制度成立,政治问题逐渐解决,而农村均产破坏,工商企业大兴,社会经济贫富不均的状况,遂成为一般人目光注意之集中点。

现在先述及当时一般农民的经济地位。农民在当时,依照国家法律言,是一律自由而平等的,但依经济实况言,则殊不尽然。每一个自耕农,须向国家缴纳地租,这是极轻额的。依照法律规定,是十五税一,但政府照例常收半额,实等于三十而税一,并有时常常全部免税。田租以外较大的负担,则为人口税与兵役。兵役分三类,一赴中央,作卫兵一年,这是由政府资给的。一赴边疆,作戍卒三天,这是沿袭古代封建惯例而来的。古代封建诸侯疆域狭小,戍边三天,连往返也不过六七天。现在则国境辽阔,戍边三天,实际无异于充当一个长时期的兵役。不愿去的，许出钱免役。第三作地方军一年。又须在地方政府服劳役，每年三十天。其不服劳役的也许出钱免役。就国家立法言，这些负担不算得很重。但就当时一般社会经济情形而论，则颇已于农民为不利。

远在战国初年，钱币的使用，已见开始，下迄汉代，又有黄金盛行。黄金一斤，抵当铜币一万文。金币与铜币的比数，相差甚远。一般农民在使用铜币的经济状况下，自然是不能宽裕的，经不起大地主与大商人之盘剥与压迫。只要遭遇水旱天灾，或家人疾病死丧，便不免要典押田亩以济急。若把田亩典押，即失却自耕农地位，变成一个租佃。佃户须向田主缴纳近于百分之五十的租额，田主向政府仍纳三十之一的租，其余的是他底利剩。如此则佃户底经济情况将更见恶劣。但在国家的法律地位上，双方依然是平等的，而佃户依然要按年缴纳人口税，及充当兵役与劳役。若他担荷不起这些项目，就国家法律上看，他是一个逃避责任不尽职分之违法者。如此他只有两条路可走。一：是游离本乡，逃脱了国家户口册的稽查，成一亡命者。二：是把他自身出卖为奴，奴隶的人口税由其主人代缴，视平民加倍，他可不再负责了。若他既不敢亡命逃匿，又不肯出卖为奴，则在屡屡不完口税与劳役后，亦将为政府没收充为官奴婢。这是汉代奴隶最大的来源。

西汉人口，根据末年统计，约为六千万。当时的奴隶数，则史书未有精密记载，但大体计量，恐怕全国官私奴婢绝不致超过二百万之数。在全国人口数中，该占三十分之一左右。较之西方希腊罗马时代的奴婢数，是不可相提并论的。中国文化，始终站

103

在自由农村的园地上滋长。在一般自耕农之外便是租佃农与雇耕农，他们的经济状况虽较差，但在国家法律上，一样是一个自由平等的公民。至于在西方社会上的农奴制度，在中国是未曾实现过的。至少在有历史详确记载的时代下，并无大规模的农奴制度存在之迹象。在西汉的长安，虽有公开卖买奴隶的市面，那时虽有家僮八百人以上的富户，虽有一辈学者高唱重农主义与恤奴政策，但到底我们不能说汉代也有像罗马般的农奴制度。

在国家统一的卵翼之下，商业繁荣，是不难想像的。但在当时人的观念里，他们之所谓商人，与我们现社会之一般商人，实有很大异点。只看《史记·货殖列传》，他把采冶、制造、种殖、畜牧、运输，种种新的生产事业，只要异乎以前百亩之家的封建农业的，全都归纳在一起，我们可以说，这些在当时是都被目为商人的，因此养猪种橘，一样的为商人。我们可以设想，当时在江陵即今湖北江陵县栽种千树橘的一个大企业家，倘使一树产百橘，每年便收橘十万。在江陵是无法推销此十万橘子的，而那时亦并没有专销橘子的商人或水果行。那位种橘翁势必自己想法，把十万橘装载车船，自己运输到长安或其他大都市去。而且他的推销，亦并不重在市场上，更要的是各地的封王封侯的大贵族与大地主。这一个种橘商人，他不仅垦地种橘需要奴隶与劳工，更重要的在其把十万橘子装入车船以后，如何向各地贵族王侯之府第以及各大都市运销，势必仰赖于更聪明更能干的奴隶，所以当时有"连车骑、交守相"的"桀黠奴"，又有"转毂以百数"的大贾人。这是相因并至的。因此汉代的奴隶，在田庄耕作的比较少，而在都市或舟车道路活动的比较多。奴隶农业远不如奴隶商业之重要。而一般奴隶的智力及其生活，亦许较普通农民为优越。农民中的活动分子，尽可因为没有资本凭藉而自愿为奴的。政府对于奴隶，征收人口税，要比平民增额一倍。每一平民，每年一百二十文，一奴隶需二百四十文。这些全归收养奴隶的主人们负担。但因工商生业利润较厚，因此在当时，仍禁不得蓄养奴隶风气之盛行。

汉代另有一种变相的奴隶，称为"宾客"的，在当时社会上，亦极重要。战国中叶以下的贵族，常有好客喜士的，如孟尝君、信陵君等，这一风气流传到西汉，便成为"任侠"。当时一般农民社会，因受经济压迫，出卖为奴，其情形已如上节所述。亦有不愿出卖的，他要逃避政府的力役与口税，则只有亡命，亡命是流亡异地，因此逃脱政府户口籍贯之调查而获得非法自由的一种行为。但在那时，虽说有热闹的大都市，却并没有像近代式的旅馆与客店，因此流亡人不得不找寻寄居与窝藏他的家庭。那些窝藏流亡人的家庭，在法律上是犯法的。但他们却宁肯冒犯国家法令，窝藏流亡罪人，这便成其所谓"任侠"。当时有些大侠的家里，往往窝藏到几百个亡命者，在当时则只称"宾客"，不称奴隶。那些宾客，寄居在此窝藏者的家里，为实际生活上的需要，不得不帮助此窝主共谋生业。这是一个犯罪者流亡人的集团，因此他们经营的生业，也往往是几种不公开的犯法事业。最普通的如私铸钱币，入山开矿，采伐森林，甚至掘墓盗冢，路劫行商等事，都是他们所惯为。那一辈任侠，一面拥有徒党，肯为他出死力，一面拥有财富，可供他行贿赂。因此这一辈人，在当时社会上亦占有极煊赫的地位与横暴不可当的权势。

我们可以说，"商贾"与"任侠"是西汉初年社会上新兴的两种特殊势力，是继续古代封建社会而起的两种"变相的新贵族"。严格言之，他们不是贵族，而是富人，但富人与贵族一样拥有徒党，一样可以超然一般群众之上，凭借其特异地位而干犯国家法令。其背后的原因，则为社会贫富不均，驱使一辈贫苦民众投奔他们身边来造成他们的权势。要铲除这种特殊权势，首先应该着眼在经济的平衡上。但汉代尽不乏宽恤农民的政令，田租已甚轻，力役亦不重，待遇农民方面已算十分优厚，再要想法，自然要从压制富人方面下手。任侠本来是犯法的，虽得社会上一般劳苦大众无识的称誉，但在政府方面，竟不惜首先采用一种严厉手段来对付。在汉景帝时代，各地的大侠，已为政府络续摧破。到武帝时代，政府目光便转移到商贾们的身上。

三

当时获利最厚最大的商业，首推"盐"、"铁"两项。盐为人人佐膳所必需，铁器亦家家使用，因此把握这两项商业的，擅利最厚。当时的政府，便创出一个"盐铁官卖"乃至"国营"的政策来。政府的理论是，盐铁为天地间自然的宝藏，其利益应该为社会大众所共享，不应由一二私家独擅。因此政府在盐铁出产地特设官经营制造、运输与销售等事，免得为商人所霸占。盐铁以外为政府所专卖的便是"酒"，酒为人人所喜，但是一种奢侈的饮料，因此政府收归专卖，带有"寓禁于售"的意思。

当时对于几种特定的商品,收归政府官卖以外,又对一般商人,设法增征重税。当时增征的标准,不计其贸易之利得,而只计其经营业务之成本与资财。各商人各自对其资本财产,由自己估价呈报,政府即据报抽收。傥商人呈报不实,由旁人告发,则其全部资财得由政府没收,而许报告者以半数之酬。此一政策,在当时曾引起绝大骚动,对于一般富商大贾极为不利。但在政府的理论上,是依然根据于"哀富而益不足"的原则而来的。

汉武帝时代的经济政策,并不尽于上面所举,我们只藉此说明当时一辈人对调整社会经济的意见。汉武帝此种经济政策,其背后有很深厚的经济理论做他的背景。在《小戴礼记》的《礼运篇》里,有一段描写当时人理想中的社会经济状况的,说:

> 人不独亲其亲,不独子其子,使老有所终,壮有所用,幼有所长,矜、寡、孤、独、废、疾者皆有所养。男有分,女有归。货恶其弃于地也,不必藏于己。力恶其不出于身也,不必为己。

这是秦始皇到汉武帝时的一种理想社会主义。这一种理想,在中国儒家思想里,本有一贯甚深之流衍。直到汉武帝时,大儒董仲舒,还屡屡提出近于此类的理论。他说:

> 大富则骄,大贫则忧。忧则为盗,骄则为暴,此众人之情。圣者使富者足以示贵而不至于骄,贫者足以养生而不至于忧,以此为度而调均之。

这是一个中国儒家传统的"均产论"。这一个均产论,有两点极可注意。

第一点:此所谓均产,并不要绝对平均,不许稍有差异。中国传统的均产论,只在有宽度的平面上求均。宽度的均产中间,仍许有等差。

第二点:在此有宽度的均产中间,不仅贫人应有他最低的界线,即富人亦应有他最高的限度。因此中国传统经济政策,不仅要"救贫",而且还要"抑富"。中国人认为大贫大富,一样对于人生无益,而且一样有害。因此贫富各应有他的限度,这两种限度,完全根据人的生活及心理,而看其影响于个人行为及社会秩序者以为定。

中国人的经济理论,完全如他的政治理论,同样根据人生理想为出发,归宿到人类内心之实际要求上。并不曾就经济而论经济,结果乃致经济与人生脱节,如目前世界之形势般。中国儒家传统经济理论,其实仍只是一个"礼治主义",此在《荀子》书中发挥得最透彻,西汉学者的一般见解,大概都由此而来。

四

但汉武帝的经济,在当时并不收效,而且流害甚大。汉武帝虽则引用了许多好理论,但当时的政府,实际是括削富人财力来支持挞伐匈奴以及开辟各边疆的兵费,甚至是用来弥补宫廷一切迷信及奢侈的浪用。到汉武帝末年,社会均产的理想,几乎变成普遍的破产。但武帝以后的一般学者,大体上依然赞成武帝时代的经济政策,只主张由一个节俭的政府来实施。这一种意见,逐渐酝酿,而促成王莽的变法。

王莽由禅让的理论代替为天子,他应该变法,一新政治。政治的终极目标为民众,民众的基本要求在经济。先要经济均等,不使社会有大贫大富,然后再好讲教育与其他。因此王莽变法的最大目标,便专注意在经济问题上。他一方面要提高农民的生活水准,一方面要裁抑富商大贾的资本势力。他最重要的几条法令:

第一:是田亩收归国有,再公共分配,这是要恢复西周时代井田制度的。在此制度下,可使永绝田地兼并,使耕者有其田,不再有佃农与雇耕人。

其次:便是废止奴婢,受解放的奴婢,各向政府受田,重过自由独立的平民生活。

其三:是继续汉武帝时代的政策,厉行专卖制度,盐、铁、酒、钱币及银行五项,均不许社会私人经营。

其四:是对富商大贾施以各种重税与限制。譬如养一奴婢,便需出钱三千六百文,较汉制增十五倍,较普通平民的口税则为三十倍。

其五:则王莽并主张根本废绝货币制度。

在当时人的意见,认为社会贫富不均,由于富人之剥削,而剥削之根源，则由于商业与货币制度。若将货币制度取消，使民间重回到以物易物的原始状态，则农民庶可永保其经济上之平衡地位，而不再下降。这一个见解，也并不起于王莽时代，在汉武帝以前已有这种理论了，不绝的传衍下来，直到王莽时代，始见诸实施。

王莽的经济政策，因种种原因而归于失败，但继续王莽以后的，也还依然依照着这一个理论，不过在推行上则比较的弛缓。解放奴隶的命令，在光武时代屡次颁布，重农抑商，控制经济，不使社会有大富大贫之分，这是中国自从秦、汉以来两千年内一贯的政策。中国的社会经济，在此两千年内，可说永远在政府意识控制之下，因此此下的中国，始终没有产生过农奴制度，也始终没有产生过资本主义。

五

经济生活，只是整个文化生活最低的基层，若没有相当的经济生活作基础，一切文化生活无从发展。但经济生活到底只是经济生活而已，若过分在经济生活上发展了，反而要妨害到其他一切文化生活之前途。我们不妨说，经济生活是消极的，没有相当满足是绝对不成的，但有了相当满足即该就此而止。其他文化生活如文学艺术之类，则是积极的，没有了初若不打紧，但这一类的生活，可以无限发展，没有限度的。中国传统人生理论，似乎正是认定了这一点，对经济人生总取一个消极态度，对其他文化人生则取了积极态度。

古代的封建贵族，秦、汉以后是没有了。由军队打仗出身的新贵族，自汉中叶以后也渐渐告退了，这已在上章里说过。社会新兴的商贾富人以资产为贵族的，现在也由政府法令不断裁抑而失势。无论在政治法令上，以及经济权力上，全社会常逐渐走向平等的道路，这是中国人的传统理想。

但我们要注意，中国人此种理想，并不在只求经济生活之平等，而在由此有限度的平等的经济生活之上，再来建造更高的文化人生。因此中国人一面看不起专以求财富为目的的商人，一面又极推尊以提高文化人生为目的的读书人。把握此种理想而想法子来实现的这一责任，便在这辈读书人身上。若说在秦、汉以下中国社会上比较像有特殊地位的，也便是这一辈读书人了。现在让我们再来看一看汉代读书人的一般境况。

六

汉代的读书人，大体上都由农业社会里出身，他们都先过着半耕半读的生涯。譬如汉武帝时代的朱买臣是一个樵柴者，公孙弘是一个牧豕的。像此之类，前、后两《汉书》里尽可找出许多例。农业社会有他一定的休闲期。一到冬季，便可乘暇读书。那时的经学，所谓"玩经文，通大义"，并不像后来般烦琐。按照当时情形，每年以一冬读书，三冬便可通熟一《经》。在十五岁以前，先习《尔雅》《孝经》《论语》诸书。十五以下，开始读正

《经》，三年通一《经》，十五年便可通熟《五经》，那时还不过三十岁。汉代常有命地方官察举"孝子廉吏"及"茂才异能"之士的诏令，乡村学者尽有被举希望。公孙弘在晚年察举贤良，对策称旨，不数年即为丞相，晋封侯爵。那时郡县地方政府，属吏都由长官自辟。只要乡村有大儒硕学，地方官亦常辟召为掾属，不久便可升迁。自汉武帝以下，文风渐盛，社会竞知向学。一方有名儒，学者四面而赴，所在结集。往往一个学者，其先后来学著弟子籍的，多逾千人，少亦数百。如此之例，愈后愈盛，到东汉为更甚。因此，一个学者，即不出仕，在其壮年以前，可以躬耕自给。在其中年以后，体力渐衰，声闻日广，亦可仰给于来学者之束脩甘旨，以为仰事俯蓄之资。他们粗淡的生活既易解决，而社会的荣誉，又使他们有无穷之慰藉。因此一辈高尚澹泊之士，常愿终老村社，不受朝廷之招聘，与郡县之征辟。如此则更增加了一般学者之地位。

西汉政府，是与乡村息息相通，并无隔阂的。政府官吏，几乎全都由乡村学者出身，因此他们共通的经济见解，常求繁荣农村，裁抑商业。汉代又有一种禁令，凡仕宦为官的，即不许兼营商业。此乃汉武帝听从董仲舒意见所定。而政府又有种种限制，使商人虽有财富，不得从事奢侈夸耀的生活。此在汉高帝时，已有"商人不得衣丝乘车"之禁。生前的屋宇，死后的坟墓，皆有规制，不得逾越。此是中国人传统之所谓"礼治"。因此经商为富的人，虽富而不荣；耕读传家的，虽贫而尊。一旦显扬，远为富人所不及。政府的政令以及社会学者的提倡，积渐成风，使一般人相率舍弃"经商服贾"的贱业，而转换到"通《经》服古"

的路上来。在西汉晚期,有一句名言说:"黄金满籯,不如遗子一《经》。"这是说,与其把满筐黄金传给你的儿子,还不如付他一部经书。因通熟一部经书,可以成名立业,安富尊荣。若满筐黄金,虽可作为资本,经营发财,但上为政府所裁制,下为社会所卑视,纵有多金,无所用之。因此一辈商人,只要家境粗给,也便急于改业,让他们的儿子离市场,进学校,远道从师,学为儒雅。因此汉武帝与王莽种种禁抑商人的律令,虽到东汉时代未能严厉执行,而东汉的商人却远不如西汉般活泼。东汉社会,既不是贵族中心,又不是军人中心,亦不是富人中心,而成为一种士人中心即读书人中心的社会了。其原因便在此。

但在西汉时代,旧的贵族与军人的势力,尚未完全摧毁。新的富人与读书人的地位,尚未明白确定。因此西汉二百四十年的社会,时在动荡,因而格外显得有一种强健的活力。一到东汉时代,社会中心的领导地位,已确定落在读书人手里,因此社会渐趋安定,而一种强健的活力也渐见萎缩,不如西汉般虎虎有生气。

中国是一个大一统的国家,从事政治事业是最尊荣的。只做一县令,所辖土地逾百里,所属人口逾万户,县廷掾属,有多至千人以上者,这些全都由县长自由辟署。这已俨然像古代一小诸侯。若为一郡太守,辖地千里,属户百万,更可多所展布。汉代又奖励官吏久任,在职数十年不更易者有之。其升迁又甚速捷,由县令即可擢升郡守,由郡守即可内转九卿而跻三公。往往有由属吏察举十数年,四五转即至三公之尊。一为三公,则全国事务,无所不当预闻。天下安危,系诸一身。因此中国的读书人,无有不乐于从政的。做官便譬如他底宗教。因为做官可以造福人群，可以发展他的抱负与理想。只有做官，最可造福人群，不得已退居教授，或著书立说，依然希望他的学徒与读者，将来得依他信仰与抱负，实际在政治上展布。至于经商致富，最多不过身家温饱，或泽及乡里而止。有大才智的，宁愿安贫守道，希望一旦在政治上得意，不肯经商自污，为一时私家经济打算而有累清名。这恐是中国社会上特有的一种观念，配合于其政治、经济各方面状态而产生的一种极关重要的观念。这一种观念，在异社会、异文化的人看来，自觉有奇异之感。但非知此意，即不易明白得中国历史之真态与其文化精神之根本托命所在。

但如我们用纯经济的眼光来观察，则这里便又是另一番景象。只要你服务月俸二千石的官职，外官自郡太守起，内官自九卿起，达十年二十年以上，无论你是出身农村社会的一个平民学者，无论你居家如何清廉，但是你在当时的社会上，自然是居于翘然特出的地位了。郡守九卿的属吏，皆由他们自己拔擢援用，自己察举推荐。将来这些属吏各自在政界上有出身，有地位，便是你的门生故吏遍满要津了。那时书籍写在竹帛，竹重帛贵，颇不易得。流传难广，一个仕宦家庭的子弟，自然有他读书与从政的优先权。而且读书家庭间声息相通，这里边不免要相互帮忙。在国家法律上，读书从政是公开的，平等的，国民人人可得；但在社会实际情形上，则这两种权益，容易在少数家庭中永远占到优势。因此东汉时代颇多由"累世经学"的家庭而成为"累世公卿"的家庭。那时虽已没有贵族世袭的制度，但终不免因为变相的世袭而成为变相的贵族。那种变相的贵族，便是所谓"士族"。

这种端倪，早起于西汉末叶，到东汉而大盛，下及魏晋南北朝，遂成为一种特殊的"门第"，我们无以名之，只有名之曰"郡县国家文治政府下之新贵族"。这种新贵族形成之后，中国社会又自走上一个新阶段，造成一种新形态，这是我们要在下一章里述说的。

七

现在我们先把本章要旨，再概括述说一番。中国社会从秦、汉以下，古代封建贵族是崩溃了，新的军人贵族并不能代之而起。若照社会自然趋势，任其演变，很可能成为一种商业资本富人中心的社会。这在西汉初年已有颇显著的迹象可寻。但因中国传统人生理想，不容许这一种富人中心资本主义的社会产生，因此在文治政府之不断控制下，商业资本终于短命，而新的士族逐渐抬头，成为贵族军人与富人以外的另一种中心势力与领导阶级，这便是东汉以下之所谓"士族门第"。这一种士族门第，他的立场，并不站在古代血统传袭的观念上，亦不凭藉后世新起的军人强力与商人富力来支持其地位，他们的特殊地位，乃由另一凭藉而完成。他们是凭藉在国家特定的法令制度上，在他们自身的教育上，换言之，是在他们的智力与道德之特别超诣上。

在西方历史上，除却贵族、军人与商人外，其在社会上占有特殊地位的尚有教会中的僧侣或教士。此在中国则因宗教不发达，因此僧侣一派从未占有特殊地位。若把中国儒家看作一种变相的宗教，则《五经》便是中国儒教的经典，那些东汉以下的士族，便相当于西方中古时期之僧侣。

我们不妨称儒家为一宗教，那是一种现实人生的宗教，是着重在现实社会与现实政治上面的一种"平民主义与文化主义的新宗教"。西方宗教是"出世"的，而中国宗教则为"入世"的。西方宗教是"不预闻政治"的，而中国宗教则是"以政治为生命"的，这是双方的不同点。但是无论如何说法，中国社会在东汉以下新士族门第之形成，这是中国文化历史衍变中一种特有的形态，在世界任何民族的文化史上并无相似或同样的形态可资比较。这是研究中国文化史的人们所应特别注意的。

第七章　新民族与新宗教之再融和

一

中国在秦、汉时代，根据先秦人的观念与理想，对于他将来的政治制度以及社会形态，奠定下基础，明确了趋向，这已在前两章里约略述过。经历了西元前二二一至西元一八九，四百年的全盛时期，下面接着一段西元一九〇至五八八同样四百年的中衰期。中国史上叫做魏晋南北朝时期。这一时期里，有两个最显著的特征，一是新民族的羼杂，二是新宗教的传入。

读史的人多把此一段转变时期来和西方史上的蛮族入侵和罗马衰亡相提并论，但其间实有一极大不同之点。在西方是罗马民族衰亡，日耳曼民族代兴，在中国则依然是自古以来诸夏民族的正统，只又继续羼进了一些新分子。在西方是罗马文化衰亡，希伯来宗教文化继之代兴，在中国则依然是自古以来诸夏文化的正统，只另又羼进了一些新信仰。因此在西方是一个"变异"，在中国则只是一个"转化"。这是罗马衰亡和汉统中衰所绝然相异的。

何以汉代衰亡,而中国没有走上像西方史上罗马覆灭时的景象?这因汉代建国本与罗马不同。罗马建国,凭靠少数罗马人为中心。罗马以外区域虽大,到底只是罗马的征服地,并不是罗马的本干与基础。汉代立国,则并非向外征服,而是向心凝结。他是四方平匀建筑在全中国广大地域的自由农村上面的。他的本干大,基础广,因此一时虽有病害,损伤不到他的全部。罗马衰亡,如一个泉源干涸了,而另外发现了一个新泉源。魏晋南北朝时代,则如一条大河流的中途,又汇纳了一个小支流。在此两流交汇之际,不免要兴起一些波澜与漩涡,但对其本身大流并无改损,而且只有增益其流量之宏大与壮阔。但是汉代四百年的全盛期,何以到底也不免一个衰颓的突然降临呢?这大体上不外两个原因。

一:东汉王室继承着四百年的长治久安,安富尊荣积而腐化。

二:东汉士人为当时社会领导中心的,也与西汉不同。西汉士人大半出身在自由农村里,带有一种稳健壮旺的精神;东汉士人则渐渐出身于贵族门第,与自由农村隔绝,没有西汉士人的朴实健全。因此西汉学术尚是粗疏阔大,元气淋漓,一到东汉,渐变为书生式的烦琐章句训诂形式了。

积此两因,遂以招致魏晋南北朝四百年的中衰。但到底没有破坏到广大的基层与干部,因此中国文化虽在厄运中,还是生机不息,照常有衍进。

二

现在先说"异民族之羼杂"。

在中国人观念里,本没有很深的民族界线,他们看重文化,远过于看重血统。只有文化高低,没有血统异同。中国史上之所谓异民族,即无异于指着一种生活方式与文化意味不同的人民集团而言,这在上面已经讲过。

在中国北部,因天然环境之不同,限于气候土壤种种条件,中国内部农村文化,到此受到障碍,不能推进,于是环蹜着许多的游牧社会,与中国大部的农村生活隔成两截。在东汉末年,正北方有匈奴,东北方有鲜卑,西北方有氐与羌,这些在当时是群认为异族的,但在历史记载上,即相互间的传说上,则匈奴、鲜卑、氐、羌一样与诸夏同一祖先。匈奴出于夏,羌属姜氏,鲜卑为有熊氏,氐出有扈氏,好像全是同族同统。这里面可有两个解释。第一:他们和中国诸夏,在很远的古代,或许是同出一源。第二:则只要他们一接触到中国文化,便受到一种感染,情愿攀附华夏祖先,自居于同宗之列,而中国人也乐得加以承认。因此历史上遂把这许多话大书特书的记下。这正可证明中国人传统民族观念之融通。因此中国人对当时他们所谓的异民族,也并不想欺侮他们,把他们吞灭或削除,只想同化他们,让他们学得和自己同样的生活方式与文化习惯。这是中国人的对外政策，自名为"怀柔政策"的，这是一种使人心悦诚服，禁不住由衷记念我而自己软化乃至同化的政策。

中国人在此怀柔政策下，常常招致边外的归化人，让他们迁移到边疆以内，给以田地，教之稼穑，渐渐再施以中国传统的教化，直到东汉末年，这一种边内杂居的异民族，日渐地多了。尤其是三国以下，匈奴人居住在今山西省太原以南的一带，最称繁盛。其次如鲜卑人居住在东北境的辽河两岸，氐与羌人居住西北的甘肃省境。他们全都习得中国的农事生活，及相当的教育程度，他们在当时已无异于中国人之一部分了。乘着汉代末年的大饥荒，中央政府解体，各地士族凭藉固有的特殊势力，群起割据，而那些由塞外内迁的胡人遂亦乘机兴乱。这在当时，与其说是一种民族斗争，无宁说是一种社会纷扰。因此不断的纷扰，逼得西晋王室南渡，西元三一七建都建康，即今之南京，历史上称为东晋。同时有大批北方士族随着政府南渡，遂形成了那时期的中国正统。

由东晋传于宋、齐、梁、陈四朝，后代历史上称之为南朝。而北方则经历了一百多年之长期混乱，历史上称之为五胡十六国之乱，北方终于合并为一个政府，这是一个拥戴鲜卑人为君主的政府，历史上称为北魏，因以示别于南朝，而又称为北朝。北朝又分裂为东、西二政府，东魏、西魏以及北齐、北周，最后到隋朝起来，又把中国南北统一。

三

　　我们在此一段长时期纷扰中，所要首先指出的，当时中国虽分南、北两方，但实在全都应该属于中国传统文化的系统，决不能说那时的北方，已经不是中国文化而另有一种异族胡人的文化。那时虽有大批中国士族，随着东晋王室南渡长江，但大部分的中国士族，依然保留在北方并未南迁。他们是中国传统文化在北方的承继人和保护人。当时北方政府，虽拥戴胡人为君主，但实际政治的主持与推行，则大部还在中国士族手里。当时中国北方士族，他们曾尽了教育同化胡人之极大努力。从某一方面说，他们恰如西方的基督教会，曾在中世纪里也尽了教导开化北方蛮族的功能。只是西方基督教会并不直接罗马传统，而为当时的一种新兴势力，而中国北朝时代的北方士族，则在历史上并非一种特起的与中国人素不相关的异民族，他乃直接自东汉以来在社会上已经形成的一种组织与机能，不过在此纷乱状态下更见其特殊有意义的贡献而已。因为西方中世纪的基督教会，并非直接罗马政治传统，故而他们要另自组织，形成一种非政治的宗教势力，将来不免与北方蛮族新兴的政治势力相冲突，而在此蛮族的新政治机能未达十分完成之前，便有一段所谓的西方"封建时期"。在中国则北方士族直接两汉传统而来，因此北朝政府里虽羼进许多胡人，但其政治上的大传统，依然沿袭两汉文治政府之规范，虽在小节目上，不免有许多差异，但大条理大法则，则并无变动。因此当时中国虽分南北两政府，但此两个政府同样是沿袭秦、汉以来郡县国家文治政府之规范，在中国史上不致再有一个封建社会出现。

这许多北方士族，便是撑持过这一段狂风恶浪的险要滩头之掌舵人。他们又如病人身上起死回生的赤血球与活细胞。他们在社会上，本有一种特异地位，一经变乱，他们随着需要，群起团结他们的本宗亲族，以及乡里的附随民众，而形成了许多在经济上可以自给，武力上可以自卫的大集团。当时一个大家族，有包含着几千个小家庭，又组织成几千乃至万人以上的自卫部队的。他们联合宗族，是推本于古代"孝"与"仁"的观念而来；他们保卫乡里，是推本于古代"义"与"忠"的观念而来。原来东汉的"察举制度"，最要的在采取宗族与地方的舆论。在宗族为"孝子"，在乡里为"廉吏"，便有被察举的资格。因此格外养成了当时士族重宗族重地方的观念。但士人的终极目的，是在贡于王朝，献身国家。因此当时士族，虽极重宗族与乡土，也不致专为宗族与乡土着想，而造成一种封建与割据。

当时的胡人，起先赖藉他们自己的民族意识而号召，易于团结成一种武力，在纷乱局面下奋起，推倒握有传统政权的王室。但他们遇到这许多散处社会各方的士族势力，到底不得不让步而与之相妥协，无法把他们整个消灭了。这便形成了在当时北方中国胡、汉合作的局面。诸胡政府与汉人士族的合作，此种形势，又颇似于西方社会封建形成之情态。但当时的北方士族，另一面还拥有两汉传统的政治理想与政治精神，他们依然抱有天下统一世界大同的潜在希望，他们决不愿在胡人政权下获得一宗族一地方的权益而自足，他们依然要在政治上重新再建两汉文治统一政府之规模。因此在中国北朝时期，尽像有封建复活之现象与趋势，但到底很快便建立起一个统一政府来。而且这一个政府，又不久便创设了许多极合传统理想的新制度，像调整社会经济的"均田制"，与整顿国民兵役的"府兵制"等。将来全都为隋、唐政府所效法与承袭。这些全是当时北方士族的贡献。换言之，即是中国传统文化力量之表现。我们若撇开北方政府拥戴胡人为君主的一端于不论，我们尽可说当时的北方社会，对于中国传统文化精神之发扬与衍进，有些处尚超于南方社会之上。

我们若说当时北方士族为中国传统文化之承继人与保护人，则我们亦可说，当时南方士族为中国传统文化之宣传人与推广人。因为其时长江以南，同样有许多当时认为异族的即古代诸蛮之遗种，盘踞生长，尚未达到与中国大部民众同一生活同一文化之水准。当时中国南、北两方，实在同样进行着民族融和与文化传布的大工作。同样的羼进了许多民族新分子，同样的把传统文化更扩大。不过读史的人，只注意在政治的浮面，因而不觉得这一种工作之意义。我们尽不妨说，魏晋南北朝时期，实在是继续着春秋以前完成了中国史上第二次的民族融和与国家凝成的大贡献。这实在可认为是中国传统文化在经过严重测验之下的一种强有力的表显。

四

我们继此说到新宗教之传入。

中国传统文化,一到先秦时期,本已超越宗教需要。人生理想,已可不赖宗教信仰而完成。但到东汉中叶以下,便禁不住社会上一般宗教要求之复活。这里面一个最要理由,便是由于儒家思想作为社会人生领导中心的功用之渐次堕退。这一种堕退的征象,最显著的便是上面所述东汉王室腐化,与士族门第之兴起。本来儒家思想可以代替宗教功用的,他是一种现实人生的新宗教,他已具有宗教教义中最普遍最重要的"慈悲性"与"平等性",他亦具有宗教家救世救人的志愿与能力。他与宗教之不同处:

一则:宗教理论建立在外面"上帝"与"神"之信仰,而儒家则信仰"自心"。

二则:宗教希望寄托于"来世"与"天国",而儒家则即希望"现世",即在现世寄托其理想。秦、汉时代遵守着儒家思想的指示,大家努力向天下太平世界大同的境界而趋赴。他们只着眼于现实人生之可有理想,这一种理想之实现,已足安慰人心的要求,因此不再有蕲求未来世界与天上王国之必要。但一旦王室腐化,士族兴起,此种现实人生可有的理想境界逐渐消失,人心无寄托,无安慰,自然要转移到未来世界与空中天国去。这是中国人民在当时感觉到宗教需要的一个最大理由。

印度佛教适于此时传入中国。佛教思想中之慈悲观与平等观,这是与中国传统观念最相融洽的。而且佛家思想里,更有与中国传统精神极易融洽之一点,即在他的一种"反心内观"的态度。我们可以说,古代希腊的自然哲学,与希伯来人的宗教信仰,虽则他们显有不同,但有一点是相同的,他们同样撇开自己,用纯客观的眼光向外探索。希腊人用的是科学方法,来寻求自然真理;希伯来人用的是宗教精神,来信仰一个上帝之存在。无论上帝与自然,同样"超于人类自身之外"。人类先须撇开自己,一意向外,始能认识此种科学或宗教之真理。

中国的传统观念,尤其是儒家思想,则一切"着重在自身",一切由自身出发,一切又到自身归宿。他看世界万象,并不用一种纯客观的眼光,并不觉得世界外我而存在,与我为对立。他却惯用一种"物己融和"的,"人格透入"的看法。向外看犹如向内看,他常把外面内面看成一片,他把自己放大了,不认狭窄的自己与广大的外面互相对立。这一种态度,即在道家,也还如此。故曰"天地与我并生,万物与我为一"。

在中国人眼光里,没有纯客观的世界,即世界并不纯粹脱离人类而独立。因此在中国思想里,不能产生西方的宗教,也不能产生西方的科学。但佛教精神在此上颇与中国思想符合。他虽则成一宗教,但信仰的对象并不是外在的上帝,而是人类自身诸佛菩萨，这一层，正和中国人崇拜圣贤的理论不谋而合。因此佛教理论，亦常从人类自身出发，仍归宿到人类自身。我们可以说佛教还是一种"人本位"的宗教。而基督教则是一种"天本位"的宗教。所以基督教要从天地创始上帝主宰说到万物人生，而佛教则只从人的身上，尤其是人的心上，说到外面万物众生与大千世界。因此基督教极易与希腊哲学合流，而佛教思想则甚为中国人民所赞许。

但佛教思想有与中国儒家显相违异之一点。儒家对现实人生抱一种"积极乐观"的态度，他对于人类心理有一种极深刻的观察，认为只要根据人类自有的某几个心态，就此推扩，便可达到天下太平世界大同的现实人生之理想境界。佛家则对人生彻头彻尾的"悲观消极"，他们并不主张改善人生，而主张取消人生。他们对人心又另有一种看法，他们根据另外某几个人类心态，认为应该由此入手，把现实人生的一切活动逐步取消，以达到个人心境上之绝对安静，即"涅槃"。乃至于人生之根本取消。在这上，佛家思想乃颇与中国道家为近。道家对于现实人生是悲观消极的。佛教初输入，即依附着此种在当时盛行的悲观与消极的道家的人生观而流布。

但道家与佛家亦有深刻的相异点。佛家"严肃厌世"，因此有出世的要求；道家只消极悲观，却不严肃厌世，因此变成"轻蔑随顺"一种玩世不恭的游戏人间。因此这两种悲观消极的人生观，到底还要分道扬镳，各自发展。佛教依附道家思想而流传，道教又模仿佛教形式而产生。在佛教传入中国的前后，遂同时有道教之成立。但道教正因为缺乏严肃厌世的心理，所以到底不成其为一种真的宗教。严肃厌世的真宗教，到底是外来的，不是中国传统文化之所有。

五

再换一观点言之，儒家是"纯乎站在人的本位上"来观察与辨认宇宙万物的，道家则"颇欲超脱人本位"而观察辨认外面的世界。这一点，道家思想又似颇有与西方自然科学接近的可能。道家对现实人生，始终抱着一种黏着的态度。他虽对现实人生抱悲观，但并不向现实人生求摆脱。他依然要在现实人生里寻求安顿。他不像佛家直截主张取消现实，道家只想放宽一步从超乎人本位以外的观察与辨认中来熟识此世界，然后操纵之以为我用，使我得到安乐与宁静。因此道家思想常偏近于方术的。但他不能像古代希腊人以及近代西方人之活泼壮往，积极奋斗，又不能彻底超脱自身，对外物真作一种纯客观的考察与玩索。因此中国的道家思想，他虽含着不少近于西方自然科学的成分，却永远产生不出西方的科学来。

道家既看不起现实人生，又不肯直截舍弃，他虽想利用自然，又没有一个积极奋斗的意态，因而曲折走上了神仙与长生的追求。这是人类自自在在，不费丝毫手脚，不烦奋斗吃苦，而在自然界里获得了他种种的自由与要求之一种诗意的想像。在先只如秦始皇、汉武帝，在现世界功成志满，觉得现实人生已达顶点，更无可往，日暮途穷，遂想访神仙求长生，聊以自慰。后来东汉的士族们深感王室腐化，世事不可为，想在自己小环境里藏躲逃避，自寻安乐，因而闭门习静，焚香默坐，或诵经咒，或服食药物。这依然是黄老方术，不是宗教信仰。

那时道家思想尤其盛行的有两处，一在今山东、江苏省境，一在今四川省境。这两处都可与印度发生交通关系。从山东、江苏沿海乘海舶到交趾，这是海上接通印度的一条路。从四川向西南，从陆路穿过西南夷，从今云南省大理入缅甸境，这是陆上接通印度的一条路。或许在东汉中晚期，印度佛教已不断从此两处渐渐间接直接传来中国，中国社会正在厌倦现实人生，便无意中把他们所知道的粗浅的佛教传说牵强附会到中国固有的道家思想中去。当时还不过为的消灾降福，升仙长生。因此当时有把老子与释迦同室祭祠的，在东汉的王宫里已有此种风气。这便是由道家渐渐过搭到佛教上去的开始。直到此种风气，散布愈广，渗透遍了广大的农村社会，遂有汉末黄巾之乱，促成汉王室之崩溃。

在东汉王室崩溃以前，佛教在中国，只在社会底层暗暗生长，还没有浮现到社会上层来。但一到三国时代，形势便不同。两汉四百年的传统王室，彻底崩溃，社会大乱，人心无主，传统文化尊严扫地，中国人民遂开始正式的皈依佛教。中国始有正式僧人，并西行求法。西元二五九年，颍川朱士行出家，为中国有正式僧人之始。直至西晋末年，北方大乱，诸胡群起，那时佛法更见盛行。胡人中不少信受佛法的。他们自认在中国不是传统的统治者，因此很情愿来宏扬非传统的宗教，最著名的如石勒之敬事佛图澄，苻坚之敬礼释道安，姚兴之敬礼鸠摩罗什，北方佛教因受诸胡君主之尊奖而大宏。因此北方佛教，始终与政治发生密切联系。但一切实际政治问题，到底不能仰赖佛法来解决，于是北方士族遂始终把握到领导实际政治的地位与权威。他们想要与佛法抗衡，便权宜的推出道教。

北魏太武帝时，开始有道、佛两教之冲突。这一个冲突，以北魏大臣崔浩为中心。崔家是北方士族的代表，这一冲突，实在不好算是宗教思想之冲突，而是政治问题的冲突。崔浩提倡的是寇谦之一派的道教。寇谦之在当时被尊奉为"天师"。他采用了不少西汉时代的"五德终始说"，这已不是东汉以来流传在社会底层消极的神仙长生的道教，而又重返到西汉时代儒生提倡的"天人合一"的政治理论的传统上去了。在此冲突过程中，有"荡除胡神，击破胡经"的口号发现，可见这一个冲突，显然是北方士族想把政治领导权牢牢掌握在自己手里的一种努力。一时北方佛法颇受压迫，但崔浩一家不久便被族诛。佛法终于再盛。

据《魏书·释老志》统计，在西元五四〇年时，北方佛寺到达三万所，僧尼有二百万，这真盛极一时了。但是避调役，逃罪罚，并不能说真心信仰的，恐占多数。那时北方佛寺营造之奢侈，以及像伊阙石窟、云冈石窟等雕像之糜费，从传统政治理论及社会秩序来看，佛法兴盛，有损无益，因此北方又继续经过几次道、佛冲突之后，终于佛、道两教全退处于次要的地位，实际政治领导权，始终仍为士族所操持，而传统的儒家精神终于复活，那是已在北周及隋、唐初期了。

南朝自东晋以后，佛教亦大盛。那时南方佛教的风尚，与北方颇不同。北方佛法常受王室拥护，颇想造成一种神权政治而没有成功。南方佛法则多由士大夫自由研习，他们多用纯哲学的探究，要想把佛教哲学来代替儒家思想，成为人生真理之新南针。他们大体都是居士而非出家的僧侣。因此北方佛教常带"政治性"，南方佛教则多带"哲学性"。北方佛教重在"外面的庄严"，南方佛教重在"内部的思索"。在这方面，南方佛教实较北方佛教为解放。当时南朝君主，如梁武帝，他的皈依佛教，亦纯为教义之真切向往，并不夹杂丝毫政治作用。但尊信佛法，到底要归重出世，或偏近庄老，不能做现实人生之指导。梁武帝因为一心崇佛，疏忽了实际政治，招致大乱，自身被困饿死，这是南方佛法进展一大打击。

当时南方亦有道、佛之争，但所争亦多属哲理方面，并不牵涉政治问题。当时有一争辩最烈的，关于"人类灵魂之有无"问题，亦起在梁武帝时，一派主张人生只有"心"的作用，没有灵魂，人死则心作用亦随与俱息，这一派称为"神灭论"。另一派则主张人生除心外别有"灵魂"，灵魂不随人死而俱灭，其人虽死，灵魂依然存在。这一派称为"神不灭论"。神灭论可说是中国的传统观念，只要人死，其人的心灵作用随以俱息，更无灵魂可以脱离肉体而存在。如此则人类生命只限于现世，没有所谓过去世与未来世。换言之，人生只有历史上即文化界的过去世与未来世，没有宗教上即灵魂界的过去世与未来世。故人类只当在此现实世界及其历史世界里努力，即向人类文化界努力，不应蔑去这个现世与历史文化世界而另想一个未来世界。如此则人生理论之归宿，势必仍走向儒家的路子。

当时主张神灭论的是范缜，这是中国传统思想对佛教一个极有力而最中要害的打击，梁武帝曾诏令群臣各各为文答辩。可见范说在当时影响与震动之大。只要此下世运渐转,现世生活重有希望,实际人生的领导权,终于要复归到中国之旧传统,我们只看这一争论,便可想见其端倪。

六

但上面所述南北双方的佛法大行,若另换一副眼光看之,则还都是些助缘而非其主因。我们要继续略述南北朝时代,佛学盛行之真精神。

在中国史上,平民讲学的风气,从孔子、墨子开始,直到东汉末叶马融、郑玄,中间经历将近千年,社会向学之风愈来愈盛。汉末太学生至三万人,可见一斑。一到三国之乱,讲学之风顿衰,一方面固由人心对于儒学暂时失却信仰,同时亦因社会播迁流离,没有讲学的环境。更重要的是士族门第都集中到中央政府,要求政治力量的庇护。因为士族集中,一面助长其奢侈与清谈之风,一面与农村隔绝,渐渐失却活力与生源,常自关闭在私家门第的小安乐窝里,思想日陷于退婴与消极,他们只以庄老玄虚自娱,此如南方士族。较好的亦不过能注重到政治问题而止,此如北方士族。再没有教育社会群众的精神与热心了。因此机缘,而后佛寺和僧侣,正好代之而兴,掌握了社会大众的教育权。一般平民社会中的聪秀子弟,有志向学的,只要走进庙宇,既得师友讲习之乐,又获书籍翻阅之便。私人经济不需挂虑,而一切兵火盗贼之灾,亦不侵害到他们,又得当时南北双方政府之提倡与拥护，佛法推行自然要更加蓬勃了。

在此我们需要特别指出一点，印度佛教，本与其他宗教不同，他虽亦有偶像崇拜和神话粉饰，但到底是更倾向于人生哲学之研寻，并注重在人类内心智慧之自启自悟的。尤其在当时中国的佛教，更可说是哲理的探求远超于宗教的信仰。因此在印度，佛教以"小乘"为正统，"大乘"为闰位。但在中国，则小乘推行时期甚短，两晋以后即大乘盛行。在印度，大乘初起，与小乘对抗极烈。在中国，则开始即二乘错杂输入，兼听并信。此后大乘风靡，亦不以傍习小乘为病。至于持小乘讥毁大乘者，在中国几绝无仅有。中国佛教显然是更偏重在学理而偏轻于信仰的，这又可说是中国文化一种特殊精神之表现。

那时的中、印交通，海道由广州放洋，或由安南或由青岛经爪哇、锡兰等地而达印度。陆道经西域，逾葱岭，经帕米尔高原、阿富汗斯坦入迦湿弥罗。这两条路，皆须经历无穷艰险。但中国僧人亲往印度求法的，由三国末年迄于唐代中叶，先后将五百年间，继续不断，其至今有姓名可考者多达一百余人，其名佚不传者又有八十余人，尚有其他失于记载的。这些冒着道路艰险，远往求法的人，几乎全都是私人自动前往，极少由国家政府资助奉派。他们远往印度的心理，也绝对不能与基督徒礼拜耶路撒冷，回教徒谒麦加，或蒙古喇嘛参礼西天相拟并视。虽则他们同样有一股宗教热忱，但更重要的还是由于他们对于探求人生真理的一种如饥如渴的精神所激发。他们几于纯粹为一种知识的追求，为一种指示人生最高真理的知识之追求，而非仅仅为心灵之安慰与信仰之宣泄。他们的宗教热忱，绝不损伤到他们理智之清明。这许多远行求法的高僧，当他们回国时，莫不携回了更多重要的佛教经典。

说到翻译成绩，亦至可惊。根据唐代《开元释教录》所述，自汉末下迄唐代开元中叶时代，译人一百七十六，所译经典达二千二百七十八部，七千零四十六卷。根据现存的翻译经典而论，汰其伪托，删除重复，亦有五千卷内外，这实在是中国文化史上一绝大事业。这一事业之大部分，十分之九的工作，全在上述五百年间。若论中国僧人自己撰述，在此时期内亦至少有三四百种之多。

我们若论社会秩序与政治制度，魏晋南北朝一段，诚然可说是中国史上一个中衰期。若论学术思想方面之勇猛精进，与创辟新天地的精神，这一时期，非但较之西汉不见逊色，而且犹有过之。那时一般高僧们的人格与精力，眼光与胸襟，较之两汉儒生，实在超出远甚。我们纯从文化史的立场来看魏晋南北朝时代，中国文化演进依然有活力，依然在向前，并没有中衰。

上面屡经说过，中国人的文化观念，是深于民族观念的。换言之，即是文化界线深于民族界线的。但这并不是说中国人对于自己文化自高自大，对外来文化深闭固拒。中国文化虽则由其独立创造，其四围虽则没有可以为他借镜或取法的相等文化供作参考，但中国人传统的文化观念，终是极为宏阔而适于世界性的，不局促于一民族或一国家。换言之，民族界线或国家疆域，妨害或阻隔不住中国人传统文化观念一种宏通的世界意味。我们只看当时中国人对于印度佛教那种公开而恳切，谦虚而清明的态度，及其对于异国僧人之敬礼,以及西行求法之真忱,便可为我上述做一绝好证明。

惟其如此,我们甚至可以说,两晋、南北朝时代的高僧,若论其内心精神,我们不妨径叫他们是一种"变相的新儒家"。他们研寻佛法,无非是想把他来代替儒家,做人生最高真理之指导。他们还是宗教的意味浅,而教育的意味深。个人出世的要求淡,而为大众救济的要求浓。因此在东汉末年及三国时代,佛教尚不失其一种宗教的面目而流传在社会下层的。一到两晋以后,佛教便转成一种纯真理探求与纯学术思辨的新姿态而出现。此后印度佛教便在中国文化园地上生根结果,完全成为一种中国化的佛教,在中国开创了许多印度原来没有的新宗派。

其中如天台宗,创自隋代高僧智𫗧(西元五三八至五九七),这是中国人前无所受而自创一宗的开始。又如隋、唐之际的华严宗,此亦中国自创。他们两宗所讲,如天台宗所谓"即空、即假、即中,三谛圆融",华严宗所谓"理事无碍,事事无碍,一即一切,一切即一"等,这些理论,都已把中国人传统观念所看重的现实人生,融入了佛教教义,这些全都是中国化的佛教了。

同时禅宗兴起,佛教教理更是中国化,中国人更把佛教教理完全应用到实际人生的伦常日用方面来,再不是印度原来的佛教了。

那时在印度,佛教已衰歇,婆罗门教已复盛,而在中国佛教乃成为中国文化大流里一支流,全身浑化在大流中而失其独立的存在。

七

在此更有一点值得我们特别注意，那时佛教思想，虽极盛行，但无论南北双方，社会上，对于中国传统"家族组织"以及"家庭礼教"，却一样的严格保守，没有丝毫摇动。尤其是北朝，大家庭制，到处盛行，有三世四世同居共财的，亦有五世六世乃至九世同居的。一家男女百口二百口，史称其"儿无常父，衣无常主"，这种大家族共产制度，正与佛教出家修行同时并盛。在南方虽则贵族家庭盛行小家庭制，然家庭礼法，一样看重，而庶人社会亦有大家族同居共财之风，颇有许多学者，同时精研佛理与儒家的家庭礼法。尤如南齐张融，他病卒遗令入殓，左手执《孝经》《老子》，右手执小品《法华经》，这竟像后世所谓的"三教合一"了。

"佛法"与"孝道"，本是两种正相背驰的精神而能同时存在。佛教教理主张"无我"，乃至于"无生"。但中国传统家庭精神，正着重在"由小我来认取生命之绵延"。中国家庭是父子重于夫妇的。夫妇的结合尚是"人为"，父子则属"天伦"。只有从父子观念上，才可看出生命之绵延，才可把人生融化入大自然。因此夫妇组合的家庭，多少尚是平面的，自由的，友谊的，可分可合的，还可以个人主义为中心的。只有父子组合的家庭，始是直线的，天然的，不可分割的，超乎个人而没入于人类生命大流中。

佛教出家思想，多半侧重个人方面立论。中国传统家庭精神,早已是超个人的。所以佛教出世思想,摇撼不动中国家庭的根本精神,而且父子相传,生命永久绵延,亦与佛家个体轮回的说法各走一边,不相融洽。这让我们正可想像到当时中国人的内心境界,一面对于外来佛法新教义虽属饥渴追寻,诚心探究,一面对于前代儒家旧礼教还是同样的恳挚爱护,笃信不渝。这里面固然也有一些由于当时门第势力等外在的因缘,但到底这一种似相冲突而终极融和的广大宽平的胸襟,及其静深圆密的态度,是值得我们钦佩的。

就此一点,便大可使我们预先料到,只要一旦机缘成熟,势必有一番调和完整的新境界之出现,这便是隋、唐以下的社会。

因此在中国史上,我们可以说,他既没有不可泯灭的民族界线,同时亦没有不相容忍的宗教战争。魏晋南北朝时代民族新分子之羼杂,只引起了中国社会秩序之新调整,宗教新信仰之传入,只扩大了中国思想领域之新疆界。在中国文化史里,只见有"吸收、融和、扩大",不见有"分裂、斗争与消灭"。

第八章　文艺美术与个性伸展

一

中国史上经过魏晋南北朝一段中衰时期，接着又是隋、唐复兴之盛运，西元五八九至九〇六前后三个世纪，在这时期里，经济文物，较之秦、汉时代，似乎尚有过之无不及。论其疆土，唐代极盛时，北逾大漠，南统安南，东北视汉稍狭，而西境较汉犹广。那时的四夷君长，群尊唐太宗为"皇帝天可汗"，诸蕃渠帅死亡者，必由唐下诏册立其后嗣，这俨然是当时的一个世界联邦，而唐为之宗主。唐人因于四边设六都护府，以护理归化诸异族。安东都护府在朝鲜，安西及北庭都护府在新疆，安南都护府在安南，安北都护府在科布多，云中都护府在蒙古，可见唐代立国规模之宏阔。

论其政治，依然还是秦、汉传统规模，王室与政府分立，君权与相权互济。那时的相权，划分为三机关执掌：

一：中书省，司发命之权。

二：门下省，司审核之权。

三：尚书省，司执行之权。

但中书、门下两省，依惯例常合署办公，共同掌握发布命令之权。尚书省则综绾全国行政事宜，下分吏、户、礼、兵、刑、工六部，每部各辖四司，共为二十四司，成为全国行政之总枢纽。此后宋、元、明、清四代的尚书省，大体沿袭唐制。这一个组织详备的行政系统，实为汉代所未有。

有名的《唐六典》，成书于唐玄宗开元二十三年（西元七三五）。《周礼》全书共分三百六十官，把全国政治、社会、经济、教育、文化、武事，一切在一个理想的制度下支配职掌，这是中国战国时代的一部"《乌托邦》"。他把极高玄的理想，在极繁密的制度中表达。这可说是中国民族对于控制人事能力创造政治理想具有一种极优越的天才之具体表现。此下如西汉末年之王莽，北周时代之苏绰，皆多少依据《周礼》来做变法之张本。隋、唐政治制度，本沿北周而来，故唐制中，本来有不少依照着《周礼》书中规模的。即如尚书省六部，便沿《周礼》天、地、春、夏、秋、冬六官而来。但《周礼》到底是一部理想的书，只是先秦时代一个不知名的学者胸中的一个理想国的描写，《唐六典》则大体根据当时事实，虽亦有几许理想的成分羼杂，我们不妨认此书为当时一部政府组织法典，或可说是一部成文的大宪章。唐代政治大体上依照此书之规定而推行，此后宋、元、明、清四代，亦都遵奉此书为行政圭臬。理想的《周礼》，实现为具体的《唐六典》，这又是中国文化史上一绝大的成绩。

其次如唐律，汇合先秦、两汉以来，历代法律菁华，为中国法系成熟之结晶品。其法律全部之用意，重人品，重等级，重责任，论时际，论关系，去贪污，定主从，定等次，重赔偿，重自首，避操纵，从整个法律精神中间，透露出中国传统文化之甚深意义，不仅为后来宋、元、明、清四代法律之蓝本，而且顺适行使于国外，东起日本，西达葱岭，北方契丹、蒙古诸族，南方安南诸邦，全都是唐律广被行使之地。

现在再论到唐代一般国民负担，如赋税与兵役等，似乎亦较汉代为轻减。汉人三十税一，税额已极轻，但唐代更轻，实际只合四十税一之数。唐代的"租庸调"制，沿接北周"均田"制度而来，全国农民均各计口授田，因有授田始有"租"，壮丁的力役为"庸"，地方土产之贡献为"调"。庸、调与田租配合征收。依理论，全国没有一个无分田的农民，因此也不应该有一个农民负担不起他应向国家缴纳的租、庸、调。汉代只做到"轻徭薄赋"，唐代则进一步已做到"为民制产"。先使每一国民有他普通水准以上的生活凭藉，再继之以轻徭薄赋，国民经济自然更易繁荣。汉人的眼光，常注意于裁抑兼并，如董仲舒主张限民名田，即限止每一国民最高额的土地私有量，直到王莽主张把田亩收归国有皆是。唐代则进一层注意到田亩之平均分配，使下级农民皆有最低额之田亩，则上层豪强之兼并，自可不禁自绝。

对于商业方面，汉、唐政策亦相随而不同。汉代对商人开始即采一种裁抑政策，唐代则颇采放任主义。故在汉武帝时，盐、铁由官家专营，不许商卖，而唐初，则不仅准许商营，而且还全不收税。我们可以说，汉代的经济政策，尤其是汉武帝时代，常偏在压抑高层经济，而对低层的则忽略了。唐代的经济政策，尤其是唐初如太宗时代，则注意在培植低层经济，而对高层的则较为宽大与自由。因此唐代社会富力，亦较汉代增高。

再论到兵役，汉代是"寓兵于农"的，全国壮丁皆须服兵役，这是通国皆兵的"兵农合一制"。唐代则寓农于兵，只是一种"选农训兵制"。在国内挑定几百个军事区域，把那些区域以内的某些处农村特别武装起来，使临时负战斗，平时负保卫的责任，这叫做"府兵制"。全国大概有五六百府，最多时达七百余府。全数只有四十万军队。这些府兵，一样由国家授给田亩，自己耕种，因此在国家可省养兵之费。只在农事外，由国家特设将领即折冲都尉施以长时期的军事训练。此制较汉制有几个优点。

一则：汉代一个国民受军训与军役的时期，不出两年，唐代府兵则常在军训中，因此其训练易于更精熟。

二则：汉代凡属穷苦大众皆须服兵役，唐代府兵则挑身家殷实者充之。当时分国民经济为九等，府兵家产须在六等以上，即中上之家。下等人户不得充府兵，因此军队素质易于提高。

三则：汉代全国军力普遍平等，唐代则于需要处设军区，更需要处得多设，不需要处得不设，较为活动。

四则：汉代全民皆兵，那时丞相的儿子，亦都在壮丁时期荷戈戍边。唐制则大多数国民皆可避免兵役。依照中国人传统和平观念与其文化理论，要强迫全国人民都学习杀人打仗，究竟不是理想的好境界。现在虽不能完全达到人类全体和平，但大多数的民众，则已可以毕生不见兵革了。

二

但在唐代更重要的一个进步，则为当时新创设的一种"科举制度"。中国政治在秦、汉以下，早已脱离了贵族政治与军人政治的阶段，全国官吏，由全国各地分区推选，这早已是一种平民政治了。不过汉代的选举，虽说是乡举里选，其权实操之于地方长官，即太守，仅由地方长官采纳乡里舆论，而最后的决定权，还是在地方长官手里。因此虽则全国政治人员均来自民间，而渐渐不免为来自民间之一个较狭小的圈子里，这样便逐步在民间造成了一种特殊阶级，此即东汉末年以下之所谓"门第"，我们现在则称之谓"变相的新贵族"。待到三国魏晋，兵乱相寻，地方政治解体，选举无法推行，乃有临时创设的所谓"九品中正制"。这一制度，由各地方在中央政府服务的大官吏中，遴选一人为"中正"，使其代表各本地方人之一般意见，把其乡土人才分列为上上、上中、上下、中上、中中、中下、下上、下中、下下九等，造为簿册，上之政府。政府则根据此项簿册，以为用人之标准。

此一制度，用意仍与汉代之乡举里选制相差不远。只是汉代之察举，由地方长官执行，而魏、晋以下之九品中正，则为中央官吏之兼差。彼等因在中央服务，自然更不易知道地方舆论之真情实况，而那时的门第势力愈来愈盛，因此中正的九等表，终不免即以门第高下为标准。如此则九品中正渐渐成为门第势力之护符。

直到隋、唐，再将此制改进，成为一种公开竞选的考试制度。地方人士有志在政治上活动的，皆可向地方官吏亲自报名应试。地方官即将此等应试人申送中央政府，由中央特派官吏加以一种特定的试验。凡中第合选的人即无异取得了一种做官从政的许可状，将来可在政治界出身。其不中选的，则失却政府任用的资格。如此一来，其中选权皆由公开的考试标准而决定，无论地方官或中央官，都不能再以私意上下其间。

汉代的察举标准，大体不外两项：

第一：是乡里之舆论，大体以偏于"日常道德"方面者为主。

其次：是在地方政府的"服务成绩"，因汉制应选者必先为吏，故此项亦居重要。

如此则汉代所得，自然偏于才德笃实之人才。魏、晋以下的中正制度，一方面因与乡里远隔，不易采取真正的舆情；又因九品簿册，不限于服务为吏的人，因此不注重其实际才能。如此则真实的"才"与"德"两方面俱忽略了，只依照当时门第贵族盛行的庄老清谈，即一种带有哲学意味而超脱世俗的幽默谈话，用作高下的标准。

唐代科举，由中央公开考试，亦不注重乡里舆情，但应考资格有"身家清白"一条，便把道德上消极的限制规定了。只要其人实有不道德的消极缺点，便可剥夺他的应考权。唐代考试，亦不限于做吏的人，则注重实际服务成绩一端亦失去了，但唐代进士中第，依然要照实际的吏才成绩递次升迁，则此条亦可兼顾。

因此唐代的考试制度，实际所重，似乎只是一种"才智测验"。只要其人道德上无严重的大毛病，而其聪明才智过人者，便让他到实际政治界去服务，然后再依他的成绩而升进，这是唐代科举制度的用意所在。

唐代科举，所重者专在一种文字的考验。其先亦曾注重考验其对于实际政治问题之理论方面，亦曾考验其对于古代经籍之义解方面，但这两种考验，皆易陈腐落套，皆易钞袭雷同，因此以后考试，遂专偏重于"诗赋"一项。一则诗赋命题可以层出无穷。杏花柳叶，酒楼旅店，凡天地间形形色色，事事物物，皆可命题。二则诗赋以薄物短篇，又规定为种种韵律上的限制，而应试者可以不即不离的将其胸襟抱负，理解趣味，运用古书成语及古史成典，婉转曲折在毫不相干的题目下表达。无论国家大政事人生大理论，一样在风花雪月的吐属中逗露宣泄。因此有才必兼有情，有学必兼有品。否则才尽高，学尽博，而情不深，品不洁的，依然不能成为诗赋之上乘。唐代以诗赋取士，正符合于中国传统文化一向注重的几点，并非漫然的。

三

唐代科举制度，同样为宋、元、明、清四代所传袭，沿续达千年之久。这是建筑中国近代政治的一块中心大柱石，中国近代政治全在这制度上安顿。同时亦是近代中国文化机体一条大动脉。在此制度下，不断刺激中国全国各地面，使之朝向同一文化目标而进趋。中国全国各地之优秀人才，继续由此制度选拔到中央，政治上永远新陈代谢，永远维持一个文化性的平民精神，永远向心凝结，维持着一个大一统的局面。

魏、晋以下的门第新贵族，因科举制度之出现而渐渐地和平消失于无形。自宋以下，中国社会永远平等，再没有别一种新贵族之形成。最受全国各级社会尊视的，便是那辈应科举的读书人。

那辈读书人大体上全都拔起于农村。因为农村环境是最适于养育这一辈理想的才情兼茂，品学并秀的人才的。一到工商喧嚷的都市社会，便不是孵育那一种人才的好所在了。那些人由农村转到政府，再由政府退归农村。历代的著名人物，在政治上成就了他们惊天动地的一番事业之后，往往平平淡淡退归乡村去，选择一个山明水秀良田美树的境地，卜宅终老，这在一方面自然亦是受他早年那种文艺薰陶的影响。即在城市住下的，也无形中把城市乡村化了，把城市山林化了。退休的士大夫，必有一些小小的园林建筑，带着极浓重极生动的乡村与山林的自然天趣。他们的弟侄儿孙，一个个要在这公开竞选制度下来自己寻觅出路，自己挣扎地位，他们丝毫沾不到父兄祖上已获的光辉。直要等到他们屡代书香，渐渐把一个最适合于孕育文艺天才的自然环境隔绝了，富贵尘俗，把他们的家庭逐渐腐化，而另几个优秀天才的家庭又开始，从清新幽静的乡村里平地拔起，来弥缝了那几个破落旧家庭的罅隙。

中国是一个传统农业文化的国家，凭藉这一个文艺竞选的考试制度，把传统文化种子始终保留在全国各地的农村，根柢盘互日深，枝叶发布日茂，使全国各地农村文化水准，永远维持而又逐步向上。几乎使无一农村无读书声；无一地方无历史上的名人古迹。农村永远为中国文化之发酵地。不得不说多少是这一个制度之功效。

再从此渗透到中国人传统的家族宗教"孝"，与乡土伦理"忠"。若依近代术语说之，"孝"的观念起于"血缘团体"，"忠"的观念起于"地域团体"。中国人所谓"移孝作忠"，即是"由血缘团体中之道德观念转化而成地域团体中之道德观念"。惟中国人又能将此两观念，巧妙而恰当地扩展，成为一种"天下太平与世界大同"的基本道德观念，以及自然哲学"天人合一"与和平信仰"善"的种种方面去。

我们只须认识到中国文化之整个意义，便不难见这一制度在近千年来中国史上所应有之地位。我们不妨说，在近代英、美发育成长的一种公民竞选制度，是一种偏重于"经济性的个人主义"之表现。而中国隋、唐以来的科举制度，则为一种偏重于"文化性的大群主义"平民精神之表现。偏经济性的比较适宜于工商竞争的社会，而偏文化性的则比较适宜于农业和平的社会。

四

现在让我们把唐代社会，再回头作一概括的瞻视。唐代的武力是震烁一时的，再不患外寇之侵凌了。唐代的政治也已上轨道，带有传统文化性的平民精神正在逐步上升。唐代的社会经济，也可说一时没有问题了，一般的平民，各有他们水准以上的生活。唐代社会早已到了一个内在安富外观尊荣的地位。试问那时的人生，再需要往那里去？在这问题的解答下，正可指出中国文化前进之终极趋向，让我此下再慢慢道来。

中国文化是一种传统爱好和平的，这已在上文述过，因此中国人始终不肯向富强路上作漫无目的而又无所底止的追求。若论武力扩张，依照唐代国力，正可尽量向外伸展。但即在唐太宗时，一般观念已对向外作战表示怀疑与厌倦。中国人对国际，只愿有一种和平防御性的武装。唐代虽武功赫奕，声威远播，但中国人的和平头脑始终清醒。在唐代人的诗里，歌咏着战争之残暴与不人道的，真是到处皆是，举不胜举。中国人既不愿在武力上尽量扩张，向外征服；同时又不愿在财富上尽量积聚，无限争夺。在唐代的社会情况下，无论国外国内贸易，均有掌握人间绝大财富权之机会与可能。但中国人对财产积聚，又始终抱一种不甚重视的态度，因此在当时一般生活水准虽普遍提高，但特殊的资产阶级，过度的财富巨头，则永不产生。

根据唐人小说，只见说：许多大食、波斯商人在中国境内经营财利积资巨万，但中国人似乎并不十分歆羡。诗歌文艺绝不歌颂财富，这是不需再说的。这不仅由于中国政治常采一种社会主义的经济政策，不让私人财力过分抬头，亦由中国人一般心理，都不肯在这一方面奋斗。否则傥使中国人大多数心理，群向财富路子上去，则政府的几条法令，到底亦防不住资本势力之终于泛滥而横决。因此唐代社会虽极一时之富强，但唐代人之内心趋向则殊不在富强上。只因凭藉了唐代当时这一点的富强基础,而中国文化之终极趋向,在唐代社会里不免要花葩怒放,漫烂空前的自由表白了。

我所说的中国传统和平文化,决不是一种漫无目的,又漫无底止的富强追求,即所谓权力意志与向外征服;又不是一种醉生梦死,偷安姑息,无文化理想的鸡豕生活;也不是消极悲观,梦想天国,脱离现实的宗教生活。中国人理想中的和平文化,实是一种"富有哲理的人生之享受"。深言之,应说是富有哲理的"人生体味"。那一种深含哲理的人生享受与体味,在实际人生上的表达,最先是在政治社会一切制度方面,更进则在文学艺术一切创作方面。

中国文化在秦、汉时代已完成其第一基础,即政治社会方面一切人事制度之基础。在隋唐时代则更进而完成其第二基础,即文学艺术方面一切人文创造的基础。这在孔子书里特别提出的"仁"与"礼"之两字,即包括了此一切。"仁"是人类内在共通之一般真情与善意,"礼"是人类相互间恰好的一种节限与文饰。政治社会上一切制度,便要把握此人类内在共通之真情,而建立于种种相互间恰好之节限与文饰上。文学与艺术亦在把握此人类内在共同真情,而以恰好之节文表达之。全部人生都应在"把握此内在共同真情而以恰好之节文表达之"的上面努力。

中国人理想的和平文化,简言之,大率如是。政治、社会种种制度,只不过为和平人生做成一个共同的大间架。文学、艺术种种创造,才是和平人生个别而深一层的流露。政治、社会一切制度譬如一大家宅或大园林,文学、艺术是此房屋中之家具陈设,园林里的花木布置。中国人的家屋与园林已在秦、汉时代盖造齐全,隋、唐时代再在此家屋里讲究陈设,再在此园林里布置花草。至于全部设计,则在先秦时代早已拟成一个草案了。

五

现在要开始叙述唐代文学艺术之发展,却须抢先约略插说一段唐代"佛教之蜕变"。佛教来自印度,其本身带有一种极浓重的厌世离俗的思想,尤其是初期的小乘佛教,更显得如此。正值三国、两晋中国大乱,人心皇皇一时无主,相率由道士、神仙、庄、老玩世的不严肃态度下转入佛教,悲天悯人,蕲求出世,这亦是一时的不得已。不久中国佛学界即由小乘转进大乘,这已是由宗教出世的迷信,转到宇宙人生最高原理之哲学的探求了。那时尚在东晋末叶,南北朝开始的时代。但佛教精神无论大乘、小乘,要之有他一番浓重的厌世离俗观,这与中国传统文化精神,到底有所不合。因此一到隋、唐时代,世运更新,佛教思想亦追随演变,而有中国化的佛教出现。最先是陈、隋之际开始的天台宗,他们根据人类心理,兼采道家传统庄、老哲学,而创生了一套新的精神修养与自我教育的实际方法,他们虽未脱佛教面目,但已不是小乘佛教之出世迷信,也不是大乘佛教之纯粹的哲学思辨,也并不专在一切宗教的威仪戒律上努力。他们已偏重在现实人生之心理的调整上用工夫,这已走入了中国传统文化要求人生艺术化的老路。再由天台转入禅宗,那个趋势更确定,更鲜明了。而且也更活泼更开展了。

唐代禅宗之盛行，其开始在武则天时代，那时唐代，一切文学艺术正在含葩待放，而禅宗却如早春寒梅，一枝绝娇艳的花朵，先在冰天雪地中开出。禅宗的精神，完全要在现实人生之日常生活中认取，他们一片天机，自由自在，正是从宗教束缚中解放而重新回到现实人生来的第一声。运水担柴，莫非神通。嬉笑怒骂，全成妙道。中国此后文学艺术一切活泼自然空灵脱洒的境界，论其意趣理致，几乎完全与禅宗的精神发生内在而很深微的关系。所以唐代的禅宗，是中国史上的一段"宗教革命"与"文艺复兴"。那时中国文化，还是以北方中国黄河流域为主体。但唐代禅宗诸祖师，你试一查考他们的履历，几乎十之八九是南方人，是在长江南岸的人。乃至在当时尚目为文运未启的闽、粤、岭南人，也在禅宗中崭然露头角。

禅宗实际的开山祖师第六祖慧能（西历六三八至七一三），他本是一北方人，而流落粤南，见称为南方"獦獠"的。当时的禅宗兴起，实在是南方中国人一种新血液新生命，大量灌输到一向以北方黄河流域为主体的中国旧的传统文化大流里来的一番新波澜新激动。单就宗教立场来看，也已是一番惊天动地的大革命。从此悲观厌世的印度佛教，一变而为中国的一片天机，活泼自在，全部的日常生活一转眼间，均已"天堂化"、"佛国化"，其实这不啻是印度佛教之根本取消。但在中国社会上，在中国历史上，如此的大激动，大转变，却很轻松很和平的完成了。只在山门里几度瞬目扬眉，便把这一大事自在完成。我们若把这一番经过，来与西方耶教的宗教革命作一个比拟。他们是流血残杀，外面的争持胜过了内面的转变。我们则谈笑出之,内里的翻新胜过了外面的争持。这岂不已是中国文化最高目的之人生艺术化一个已有成绩的当前好例吗?

从唐代有禅宗新佛教之创始,一面是佛教思想内部起革命,直影响到宋儒道学运动,把中国思想界的领导权,再从佛教完全转移到儒家的手里来。这一层都属思想史上的问题,此处不拟详述。另一面是中国社会之日常人生,再由宗教庙宇里的厌世绝俗,严肃枯槁,再回到日常生活自然活泼的天趣中来,这便辟开了文学、艺术一条新道路,当在下面逐次序述。

六

文学、艺术在中国文化史上,发源甚早,但到唐代,有他发展的两大趋势。

一:由贵族阶级转移到平民社会。
二:由宗教方面转移到日常人生。

大体说来,宗教势力本易与贵族特权结不解缘。只要社会上封建贵族的特权势力取消,宗教的号召与信仰,亦将相随松懈。古代中国的宗教势力,已随春秋、战国时代封建贵族之崩溃而失其存在。东汉以下,新的门第产生,变相的封建贵族复活,印度佛教适亦乘时东来。隋、唐以下,科举制兴,门第衰落,佛教势力亦渐次走上衰颓的路。因此唐代的文学、艺术，遂很显著的有此从贵族到平民从宗教到日常人生的两大趋势，亦是相随于当时的历史大流而自然应有的。

现在先说文学，中国古代文学，必溯源于《诗经》三百首。但那时还在封建贵族时代，虽则三百首《诗经》里，有不少平民社会的作品，但到底那三百首诗是由政府收集而流行在贵族社会的，不好算他是纯粹的平民文学。战国时代的《楚辞》，亦似由平民社会开始，但到底还发育成长在贵族阶级的手里。汉代的"辞赋"，沿袭"楚骚"而来，大体上还流行在宫廷王侯间，成为一种寓有供奉上层贵族消遣性的文学。那时的"乐府歌辞"，亦还和古代《诗经》一般由民间采上政府，同样不脱上层阶级之操持。但到"五言诗"逐渐发展，纯粹平民性的文学亦逐渐抬头。一到魏、晋、南朝，五言歌诗更盛行了，那时是古代的贵族文学逐渐消失，后代的平民文学逐渐长成的转变时代。但魏、晋、南朝的诗人，多半出身于门第新贵族中，还不能算纯粹的平民文学。中国文学史上纯粹平民文学之大兴，自然要从唐代开始，那是与政治、社会一应文化大流的趋势符合的。唐代诗人之多，诗学之盛，真可说是超前绝后。清代编集的《全唐诗》九百卷，凡诗四万八千九百余首，作者二千二百余人，可以想见其一斑。唐诗之最要精神，在其完全以平民风格而出现，以平民的作家，而歌唱着平民日常生活下之种种情调与种种境界。纵涉及政府与宫廷的，亦全以平民意态出之。那五万首的唐诗，便是三百年唐代平民社会全部生活之写照。唐代文学始普及全社会全人生，再不为上层贵族阶级所独有。

中国文学，除却诗歌以外，便要轮到散文。先秦诸子如《论语》《孟子》《庄子》《老子》等，后世所称为"诸子"的，莫非中国极精美的散文作品，但这是一种哲理的论著。其次如史书，在中国发达最早最完备，如古代之《尚书》，先秦以前的《左传》，与西汉时代的《史记》等，亦为中国散文家不祧之鼻祖，但这些到底是史传，不称纯文学作品。其他如战国时代策士之游说辞，以及两汉时代政治上有名的奏疏等，虽亦多精美的结构，但依然是属于政治上的应用文件，亦非纯文学作品。若要说到平民作家之散文，用来歌咏日常生活的那一种纯文学性的散文，我们不妨称之为"诗意的散文"，或竟可称之为"散文诗"或"无韵诗"的，那已开始发展在魏、晋之际了。这亦和诗歌一样，要到唐代始为极盛。清人编集《全唐文》一千卷，凡文一万八千四百八十八篇，作者三千零四十二人，中间虽夹有不少非纯文学的作品，但我们说歌咏平民社会人生日常的散体文，要到唐代始为发展成熟，这亦无可怀疑的。

古代的文学，是应用于贵族社会的多些，而宗教方面者次之。古代的艺术，则应用于宗教方面者多些，而贵族社会次之。但一到唐代全都变了，文学、艺术全都以应用于平民社会的日常人生为主题。这自然是中国文化史上一个显著的大进步。

现在说到艺术，中国艺术中最独特而重要的，厥为"书法"。书法成为一种艺术，亦在魏、晋时代。一到南北朝时代，黄河流域与长江流域南北双方的书法，显有不同。南方擅长"帖书"，大体以"行草"为主，是用毛笔书写在纸或绢上的，这算是一种比较新兴的风气。北方则擅长"碑书"，大体尚带古代"隶书"的传统，是把字刻在石上的，是一种较老的传统。大抵南方的帖书，更普通的是当时人相互往来的书信，这已是平民社会日常人生的风味了。北方碑书，则多用于名山胜地佛道大寺院所在，或名臣贵族死后志铭之用，或埋在墓中，或立在墓道上。这还是以贵族社会与宗教意味的分数为多。一到唐代，南帖北碑渐渐合流，但南方的风格，平民社会日常人生的气味，到底占了优势。从唐以后，字学书品遂为中国平民艺术一大宗。而帖书占了上风，碑法几乎失传。南派盛行，北派衰落。这虽指书法一项而论，但大可代表中国一切艺术演进之趋势。

中国艺术，书法以外便推"画"。中国绘画发达甚早，但据古书记载，秦、汉时代的绘事大体还以壁画与刻石为主，那些都应用在宫殿庙宇坟墓，依然是在贵族和宗教的两个圈子内。绘事大兴，亦要到魏、晋以后，那时用纸和绢作画之风开始盛行。南北朝时代，画风与书法一样，同有南北之别。大抵无论书画，南方是代表新兴的平民社会与日常人生的风度，北方则代表传统的贵族与宗教的气味。而绘事尤以在南方者为盛，北方视之远逊。一到唐代，虽亦有南北合流之象，但如书法一般，唐人风气也还以南方作风为正宗。一样是平民意味与日常风格渐占上风，而贵族与宗教的色彩则日见淡薄。因此仙、释、人物画渐转而为山水、花鸟，壁画与石刻渐转而为纸幅尺素，在平民社会日常起居的堂屋与书房中悬挂起来。这是一个很显明的转变。

我们只要一看书法、绘画两项，在南北朝到隋、唐一段如此般的转变，便可看出中国人的艺术如何从贵族与宗教方面逐步过渡到平民社会与日常人生方面来的一大趋势。再把这一情形与文学方面的演变相联合，再旁推到佛教史上禅宗的创立，便知中国文化史上平民社会日常人生之活泼与充实，实在是隋、唐时代一大特征，这自然是中国文化史上应有的进向中一重要的阶程。

七

诗、文、字、画四项，全要到唐代，才完全成其为平民社会和日常人生的文学和艺术。而唐人对此四项的造诣，亦都登峰造极，使后代人有望尘莫及之想。

举要言之，诗人如杜甫（西元七一二至七七〇），文人如韩愈（西元七六八至八二四），书家如颜真卿（西元七〇九至七八四），画家如吴道玄（玄宗时生，卒年未详），这些全是后世文学艺术界公认为最高第一流超前绝后不可复及的标准。这几人全在第八世纪里出现，只韩愈稍晚，下及第九世纪的初期。在西元七五〇年左右，第八世纪恰过一半的时候，正是唐代社会经济文物发展到最旺盛最富足的时期。此下即接着大骚乱骤起。在那时期，社会人生精力，可谓蕴蓄充盈，而人类内心又不断受到一种深微的刺激，这真是理想上文学艺术酝酿成熟的大时期。

无怪那时的禅宗要抢先在宗教氛围里突围而出。禅宗便是由宗教回复到人生的大呼号，由是一切文学艺术，如风起云涌，不可抑勒，而终成为一个平民社会日常人生之大充实。

我们要想了解中国文化之终极趋向，要想欣赏中国人对人生之终极要求，不得不先认识中国文学艺术之特性与其内在之精意。要想认识中国人之文学与艺术，唐代是一个发展成熟之最高点。必先了解唐人，然后瞻前瞩后，可以竟体了然。汉代人对于政治、社会的种种计划，唐代人对于文学、艺术的种种趣味，这实在是中国文化史上之两大骨干。后代的中国，全在这两大骨干上支撑。

政治、社会的体制，安定了人生的共通部分。文学、艺术的陶写，满足了人生的独特部分。中国后代人常以汉、唐并称，这亦是一个主要的意义。

第九章　宗教再澄清民族再融和与社会文化之再普及与再深入

一

历史上的划分时期，本来没有确切标准，并亦很难恰当。我们若把中国文化演进，勉强替他划分时期，则先秦以上可说是第一期，秦汉、隋唐是第二期，以下宋、元、明、清四代，是第三期。第一二两期的大概，都已在上面述说过。宋、元、明、清四代约略一千年，这可说是中国的近代史，比较上又自成一个段落。若把国力强旺的一点来论，这一期较之汉、唐时代稍见逊色。

宋代始终未能统一，辽、金两族，先后割据中国的东北部乃至整个的黄河流域，西夏又在西北部崛强负嵎，安南乃至云南的一部分，也各自分国独立了。元代虽说武功赫奕，然这是蒙古人民的奇迹，并非中国传统文化里应有之一节目。只有一三六八至一六四三明代三百年，那时疆域展扩，和汉、唐差不多，而海上势力，还超过汉、唐之上。最后清代，他是中国东北吉林省长白山外一个名叫满洲的小部族，乘机窃据辽河流域，又乘中国

第九章 宗教再澄清民族再融和与社会文化之再普及与再深入

内乱,颠覆明室,始终形成一个部族狭义的私政权,绵延了两百四十年之久。这在中国史上,以汉族为文化正统的眼光看来,同样是一个变局。因此我们说,这一千年来的近代中国,在其国力方面,大体上是比汉、唐逊色了。这亦有几层理由。

第一:中国民族本来是一个趋向和平的民族,这已在上面几章屡屡陈述过。秦、汉时代依照中国传统和平文化之目标,创建了统一政治与平等社会各方面的大规模,但到底去古未远,古代封建贵族的剩余势力,依然存在。东汉以下便有门第新贵族之产生。这一种门第新贵族,直要到中唐以后始络续消失。若照中国传统文化理想言,此等封建贵族特权势力,固属要不得。但就社会的战斗性而言,则此等势力,实际上无异于是一个个小的战斗团体,他在整个社会里,无形中,可以增强他的战斗性。古代西方如希腊城市国家,以及罗马帝国,都由几个小组织中心放射出力量来。近代的欧洲社会,开始脱离封建贵族之特权势力,便走上资本主义的控制下,也始终有他小组织的中心势力存在。再由此种势力向外放射,所以西方社会始终有他的力量与战斗性。中国魏晋南北朝时代,北方社会所以能保守其传统文化以与胡人抗衡的,也便有赖于此。西汉则古代封建力量尚未消融净尽,唐代则西晋、南北朝以来的门第势力,也还存在,所以汉、唐二代社会武力仍有这些小组织的中心,做他内里的骨子。一到中唐以下,中国社会完全走上他文化理想的境界了,封建贵族彻底消失,工商资本势力亦不能抬头,社会整个的在平铺状态下,和协而均衡,内部再没有小组织特殊势力之存在,再没有一个个小的战斗集团之存在,因而整个社会之组织力与战斗性亦随之降落,这是宋以下中国国力趋向衰弱之第一因。

第二：中国文化进向，就其外面形态论，有与西方显相不同之一点。上面说过，西方国家是向外征服的，中国国家是向心凝结的。我们若把这一观点转移到整个文化趋向上，亦可得一相似的概念。西方文化是先由精华积聚的一小中心点慢慢向外散放的，中国文化则常由大处落墨，先摆布了一大局面，再逐步融凝固结，向内里充实。这自然是城市商业文化与大陆农业文化之不同点。先秦儒家天下太平世界大同的大理想，可说已为中国和平文化先摆下一个最大的局面，待到秦、汉时代文治政府开始创建，平等社会开始成立，这是第一步的充实。隋、唐时代，平民社会日常人生的文学艺术逐步发展，这是第二步的充实。秦、汉时代的注意力，比较还偏在人生共通方面，一到隋、唐以下，一般兴趣，不免转换到人生的独特方面去。若是真个天下太平，世界大同，人生共通的间架建筑得很完固，我们在此下各自向个性的独特方面发展，体味理想的人生，享受理想的现实，岂不甚妙。但唐以下的中国环境，实际上并未至此，他还在列国分争时代，而天下太平世界大同以后的那些文学艺术的优美境界，早已由唐人抉奥启秘，把他开示给现世界了。宋以下的中国人，大体上憧憬于这种理想的人生之享受与体会，常误认为中国早已是一个"天下"，早已是一个"世界"，却不免忽略了对于国外的情势，忽略了对于非理想的人生之奋斗与摆脱，这是近代中国国力衰弱的第二因。

即就宋儒思想来说，他们虽说要修身、齐家、治国、平天下，一贯用力，一贯做工，但到底他们的精神偏重在"修齐"方面的更胜过于"治平"方面。他们的人生理论，认为日常人生即可到达神圣境界，这是他们从禅宗思想转手而来的。因此他们依

第九章　宗教再澄清民族再融和与社会文化之再普及与再深入

然不免过分看重平民社会的日常人生方面，虽则要想回复先秦儒家精神，但终不免损减了他们对大全体整个总局面之努力，与强力的向前要求之兴趣。

第三：中国的西北和东北，不仅是中国国防地理上必要的屏障，亦是中国国防经济上必要的富源。精良的马匹，丰足的铁矿，全部产生在那里。宋代一开始，东北、西北便为辽、夏分据，因此其整个国力始终难于健全。而且中国自宋以下的社会，是偏向于爱好文学与艺术的。因此在自然形势上，中国近代社会不断的向长江流域以及东南沿海一带发展，北方高原大陆，逐渐被忽略，被遗弃，远不如汉、唐时代之健旺与活泼了。这又是中国近代国力趋向衰弱之第三因。

若论政治制度方面，宋、元、明、清四代，依旧遵照汉、唐旧规模。惟因最先激于唐代末年之军阀割据，而开始厉行中央集权。又因元、清两代均以部族政权的私意识来霸持，因此在中央集权之上还加上一种"君权日涨、相权日消"的倾向，这两层都是近千年来的中国政治所不如汉、唐的。

但是一千年来的中国文化，除却上述，还有许多值得提出，引起我们注意的。现在分别叙述之如次：

二

这一千年来在中国文化史上，值得大书特书的第一事，厥为**"宗教思想之再澄清"**。

中国的文化建设，在先秦以前，早已超越了宗教的需要，中国人早已创建了一种现实世界平民社会日常人生合理的自本自性的教义，更不需要再有信仰上帝或诸神的宗教。这是先秦时代的功绩。秦、汉时代便本着这一种教义来创建理想的政治和社会。一到东汉末年，政治腐败，社会骚乱，现实人生失望，遂欢迎印度之佛教传入，同时又有模拟佛教的道教产生，这已全在上面几章里叙述过。待到隋、唐复兴，政治、社会重上轨道，中国人传统现实人生之理想，再度活跃，则消极出世的宗教思想自然失却需要，不再做人生向往之指导者。因此一到隋、唐时代，佛、道两教便不免要走上衰运，或转变方向，这是易于了解，无烦详论的。

　　但这里另有一问题，隋、唐以下宋、元、明、清一千年来的近代中国，有些时，其衰乱情况，更甚于隋、唐之前，但何以此千年来的宗教势力，却永远不再抬头，永不能再如魏晋南北朝时代的风靡日照？只如金、元时代黄河流域的全真教，虽亦一时获得社会上群众的归附，但到底没有把握到学术思想上的领导权。断不能和魏晋南北朝时代的佛教相拟。这里自然另有一些原因，值得我们叙述。

　　原来佛教思想传入中国，早已逐步的中国化了。尤其是晚起的禅宗。他们的理论，主张"自性自修，自性迷即众生，自性悟即是佛"。又说："万法尽在自心，从自心中顿见真如本性"。他们常劝人在家修行，见取自性，直成佛道。实在他们已完全脱落了宗教的蹊径。一切归依自性，尚何宗教可言。"识心见性，自成佛道"，便何异儒家"尽心知性，尽性知天"的理论。禅宗只把儒家的"天"字"圣"字换成"佛"字，其他完全一样要从自心自性上认取。因此一到禅宗思想出世，各人都回头到自己心性上来，不再有所谓西方佛法要向外追求。那时的佛教精神，早已为平民社会日常人生所融化。所以说："无明即真如，烦恼即菩提，轮回即涅槃"。这无异于说：一切尘世俗界，即是佛土天堂了。

但这里究竟还有一层隔膜，因为禅宗在理论上虽则全部中国化了，但他们到底是一种在寺院里发展成熟的思想，无意中脱不净向慕个人的独善与出世。直要到宋代新儒家兴起，再从禅宗思想转进一步，要从内身自心自性中认取修身、齐家、治国、平天下的大本原，如是始算完全再回到先秦儒家思想的老根基，这里也几乎经历了一千年的时期。在此一千年内，中国人不仅将印度佛教思想全部移植过来，而且又能把他彻底消化，变为己有，因此在以后的中国，佛教思想便永远不再成为指导人生的南针。社会上虽还到处有寺院与僧侣，但这已成为慈善与救济事业之一部分，一面养育着许多孤苦无告的人们，一面让他们管领山林风景，作为社会一种公共建设，附以许多富于文学与艺术性之游赏的方便，一面自然还是禅宗盛行，不断有许多高僧，借着佛寺作为他们一种特殊的人生哲学之研究所与实验室。他们与那时盛行的新儒家思想，还是息息相通，但他们只成了旁枝而非本干。若认为宋以后的中国还是一个佛教世界，这是不能认识中国真象的错觉。

这里还有一层关系，只因魏晋南北朝时代，一方面是儒家思想衰微了，另一方面是门第的新贵族崛起。知识与学问操在那些新贵族手里，一般平民，无法获得教育与知识，僧侣和寺院遂得乘此掌握到指导人民的大权。一到宋代以下，中国社会上再没有贵族存在了。新的平民学者再起，这即是宋代的新儒家。他们到处讲学，书院林立，儒家思想恢复了他的平民精神，他遂重新掌握到人生大道的领导权，寺院僧侣自然要退处一隅。

而且这里还有一层关系。唐、宋以下文学艺术的发展，他们都有代替宗教之功能。中国文学有与西方绝不同之一点，西方文学在比较上是以戏曲与小说为大宗的，他们侧重在人生具体的描写，无论是浪漫派或写实派均然。他们对人生或赋以热烈的想望，或加以深刻的讽刺，他们常使读者对现实人生激起不满。因此有人说，西方文学是站在人生前面的，他常领导着人生使之更往前趋。中国则不然，中国文学比较上以诗歌散文做中心。那些诗歌散文，都不喜作人生的具体描写，他们只是些轻灵的抒情小品，平澹宁静，偏重对于失意人生作一种同情之慰藉，或则是一种恬适的和平人生之体味与歌颂。大体上在中国文学里，是"解脱性"多于"执着性"的。他是一种超现实的更宽大更和平的境界之憧憬。因此我们可以说，中国文学好像是站在人生后面的，他常使读者获得一种清凉静退的意味。他并不在鞭策或鼓舞人向前，他只随在人后面，时时来加以一种安慰或解放。因此中国文学常是和平生活之欣赏者，乃至失意生活之共鸣者。中国文学家常说："诗穷而后工"，又说："欢虞之言难作。"他们只对人生消极方面予人慰藉，不对人生积极方面有所鼓动。他们似乎缺少热拉拉的情绪，但可以使人在现实状况下解脱出来，觉得心神舒泰。西方的戏曲和小说，多半取材于都市，为商业文化之产物。

中国诗和散文则多半取材于乡村与自然界,为一种农业文化之代表。都市与人刺激,田园给人宁澹,这是很自然的趋势。

中国艺术亦一样具此意境。书法的微妙,纯在意境上,纯在气息上,他绝不沾染到丝毫现实尘俗具体的事物方面,这是不烦详说的了,兹且姑举绘画为例。中国画自唐、宋以下,他的大趋向亦在逃避现实,亦在对现实为超脱与解放。他的着眼之点并不在外界事象或物体之具体就实的写照,他只借着外界事物一些影象来抒写自己胸中的另一番情味或境界。山水和花鸟是中国画家最爱运用的题材,因为与实际人生隔得远,又自然,又生动,中国人理想中和平而恬澹的生活,便在此自然生动富有天趣的山水花鸟中寄托着。中国画的外形,极单纯,又极调和。人世间一切乱杂杂的冲突与悲剧一概洗净了。唐、宋以下,中国社会每一家庭,稍识几字的,在他的堂屋里或书斋卧室里,几乎都有一两幅纸绢装裱的画悬挂着,或立轴,或横披,只要偶一眺瞩,便使你悠然意远。这些全是中国人心灵上的桃花源,亦可说是他们的一种天堂乐土。此乃中国心灵对于自然观照之广大深刻处。山水、草木、花鸟、鱼虫,一切有情非有情界,皆与吾广大心灵相通,此即北宋新儒家所提倡"以万物为一体"的精神,而轻妙地在艺术中吐露呈现出来了。中国社会每逢乱离,这些艺术品更易为一般人所欣赏与宝爱。

宗教的功用,大部分是逃避现实,使人从现实小我中解放出来,而与人以更大的天地,藉此亦可作为人生失意的安慰。这一方面,中国唐、宋以下的文学与艺术可谓已尽其能事。若论宗教方面对于人生积极的指示,在中国社会上本已有儒家思想完此职责。儒家教人孝、弟、忠、恕、爱、敬，教人修身、齐家、治国、平天下，一切向前，一切负责任，人生的义务性太重了，要你具备着一副知其不可而为之的精神，义命所在，使你感到无所逃于天地之间，在中国人这种伦理观念的后面，不得不有中国人这种的文学与艺术与之相调剂。

中国的儒家教义是"刚性的"，中国的文学艺术则是"柔性的"。中国的儒家教义是"阳面的"，中国的文学艺术则是"阴面的"。中国人的理想人生，便在此儒家教义与文学艺术之一刚一柔，一阴一阳，互为张弛下和平前进。西方人的宗教，本来是一种阴面柔性的功能的，而中国唐、宋以下之文学艺术，已经发展到可取而代之的地位了。因此唐、宋以下的社会，到底不需要再有宗教。所有的宗教，均占不到文化机构上的重要地位。因此中国社会上宗教信仰尽可自由，对于政治、风俗，都不致发生严重影响。自宋以下的社会，宗教思想之再澄清，实在不可不说是中国文化进展一绝大的成绩。

三

其次，值得我们大书特书的第二事，便要算到**"民族之再融和"**。

中国儒家思想，本来寓有极浓重的宗教精神的。他们抱着天下太平世界大同的观念，本想要融和全世界一切人类，来共同到达这一种理想的和平生活的境界的。他们对人类个别的教导，便是人类相互间的孝、弟、忠、恕、爱、敬，他们对人类社会共通间架之建立，便有他们修身、齐家、治国、平天下的大抱负。由人人的孝、弟、忠、恕、爱、敬，到达家齐、国治、天下平的时运，便是天下太平世界大同。中国儒家把"政治"和"宗教"两种功能，融通一贯，因此不许有帝国主义之向外征服与不平等的民族界线。在中国人目光下，只有"教化"是向内向外的终极目标。

自宋以下的中国，不断有异文化的外族入侵，中国人在武力抵抗失败之余，却还是抱着此种教化主义之勇气与热忱，依然沿袭中国文化传统精神，来继续完成民族融和之大理想。其间最主要的，如契丹，如女真，如蒙古，如满洲，其先全是在中国边疆上尚未十分薰染透中国文化的小部族。他们凭借武力，又乘中国内乱，或割据中国疆土之一部分，或全部侵入了中国，但最多耐不到三百年的时期，或则全部为中国文化所同化，或则亦部分的消融在中国民族的大炉里，不再有他特殊的存在。其他如回族、藏族、苗族，也都或先或后的在朝向着民族融和的方向走去。

中国文化譬如是一个电气炉子，看不出什么鲜红热烈的火焰，但挨近他的便要为他那一股电力所融化。现在中国境内尚有蒙古族、藏族等未经十分融化净尽的民族界线，这是因为天然的地理环境所限，一般日常生活太悬异之故。

最近的将来，中国新工业化完成，借新的工业交通与新的工业制造，使边疆生活与腹地生活日渐接近，则中国文化之同化力量，便可有惊人的新发展，民族融和无异的仍将为中国文化前进一显著的大标记。尤其如东北的朝鲜，西南的安南，汉、唐以来，向为中国旧壤，与中国素来就镕成一国，嗣后虽有时独立，但他们在政治上还是与中国取得密切的联系，在文化上则全和中国为一体，并没有什么区别。尤其在明代三百年间，朝鲜、安南和中国的国际关系，俨如长兄与弱弟般。他们用的是中国文字，读的是中国书，采的是中国政制。只要地理上不是有辽远的隔阂，或是济之以近代的交通，那末民族融和也一定能很顺利进行的。

其次我们还要提到日本，据王充《论衡》说，远在西周初年，倭人与越裳氏早已相率入贡了，但无论如何，到东汉初年，汉、倭交通已成为确切的史实。以下的倭人，便常受汉文化之薰陶与扶翼。直到南朝时代，中国佛教开始由朝鲜半岛上的百济国间接传往，其他中国经书如《论语》《五经》等，并及医、卜、历、算诸书，及一切工艺、技术，亦均在南朝时期大量移播。一到隋、唐时代，尤其是唐代，日本仰慕中国文化之热潮，益为高涨。前后遣唐使者及留学生与留学僧侣之派遣，盛况空前。唐代一切文物制度，均为日本朝野所模仿。上自政治、宗教、经济、制度、刑法诸项，下至文学、历法、医药、美术、书法、绘画、音乐、建筑，一切工艺、风俗、礼制，几乎无不自唐代学习移植。日本文化可说全部是中国的传统，那时日本文化可说是中国文化本干上一桠枒的嫩枝。日本在文化系统上只是中国的附庸。此下宋、元、明、清四代继续着这个趋势，日本僧侣不断到中国来求法，中国高僧，亦不断往日本去传法。那时中国是禅宗盛行，在日本亦同样的尽力鼓吹禅宗。其他像中国书籍、印刷术、历学、医学，一切美术、工艺，仍是继续不断的东渡，日本文化不仅在中国诞生,并亦由中国继续抚养长大。最近西洋文明虽经打进了日本海岸,日本人也很快的接受了西洋文明,但在他的根柢深处,依然脱不了中国文化之潜势力。

因此我们可以说,近千年来的中国人,在国内进行着"民族融和",在国外则进行着"文化移殖"。只要在地理环境和交通条件允许之下,文化移殖便可很快转换成民族融和的,中国人天下太平世界大同之理想。此在一千年内并未衰歇,依然步步进行着,这是中国文化史在此千年内值得大书特书的又一事。

四

第三:值得我们注意的,则为**"社会文化之再普及与再深入"**。

上面已经说过,中国文化是先摆布成一大局面,要步步向里充实的。在这一节里,我们可以较详细的为之证明。

中国社会由唐以下,因于科举制度之功效,而使贵族门第彻底消失,上面已经叙述过。同时亦因印刷术发明,书籍传播方便,更使文化大流益易泛滥,渗透到社会的下层去。自东汉人蔡伦在西历纪元二世纪初年发明造纸,避免了竹重绢贵,书籍传钞已见便利。至于雕版印书,究竟何时创始,现在尚难确定。根据《全唐文》卷六百二十四,我们已知在西历九世纪的初期,那时已有印版时宪书盛行于蜀中及淮南,由此再遍布全国。然其最先雕印书籍,似乎只限于此等流传社会的小书及一些佛书等,直要到五代、宋初,雕版印书术才正式应用到古代经典上来。自此以下,书籍传播日易日广,文化益普及,社会阶级益见消融。

又兼宋代新儒学崛兴,他们讲的是万物一体之道,故说:"民吾同胞,物吾与也。"他们的工夫则从"存天理,去人欲"入手。他们的规模与节目,则为古代《大学》篇中所举的"格物、致知、诚意、正心、修身、齐家、治国、平天下"八项。他们大率都像范仲淹(西元九八九至一〇五二)那样,为秀才时即以天下为己任。他们都抱着"先天下之忧而忧,后天下之乐而乐"的胸襟。他们全都是具有清明的理智而兼附有宗教热忱的书生。这一派儒学,从西历十一世纪宋初开始,直到西历十七世纪末明末清初始见衰替。前后有七百年的长时期,中国近代文化向社会下层之更深入与更普及,全由他们主持与发动。他们中间出过不少有名的学者,最为后人敬重的,则如周敦颐(西元一〇一七至一〇七三)、张载(西元一〇二〇至一〇七八)、程颢(西元一〇三二至一〇八五)、程颐(西元一〇三三至一一〇七)兄弟,朱熹(西元一一三〇至一二〇〇),陆九渊(西元一一三九至一一九二),王守仁(西元一四七二至一五二八)等。

与这一派儒学相随并盛的,则有"书院制度与讲学风气"。汉、唐两代,国家的公立学校,规制颇为详备,学员亦极盛。只有魏晋南北朝时代,公立学校有名无实,严肃的讲学风气,掌握在佛教的寺院里。宋、元、明、清四代的书院制度,则是一种私立学校而代替着佛寺严肃讲学之风的。书院的开始,多在名山胜地,由社会私人捐资修筑,最重要的是藏书堂,其次是学员之宿舍,每一书院,常供奉着某几个前代名儒的神位与画像,为之年时举行祠典。可见书院规模,本来是颇仿佛寺而产生的。稍后

第九章 宗教再澄清民族再融和与社会文化之再普及与再深入

则几于通都大邑均有书院。有的亦由政府大吏提倡成立,或由政府拨款维持。但书院教育的超政治而独立的自由讲学之风格,是始终保持的。在那时期里,政府仍有公立学校,国立大学与地方州县学均有。尤其如宋、明两代,常常采取私家书院规制,模仿改进。但从大体说来,一般教育权始终在书院方面。始终在私家讲学的手里。我们可以说,自宋以下一千年的中国,是平民学者私家讲学的中国,教育权既不属之政府官吏,亦不属之宗教僧侣了。

说到讲学的风气,最先亦由佛寺传来。宋、明儒的讲学,与两汉儒家的传经,可说全属两事。传经是偏于学术意味的,讲学则颇带有宗教精神。因此宋、明儒的讲学风气,循其所至,是一定要普及于社会之全阶层的。自北宋二程以下,讲学风气愈播愈盛,直到明代王守仁门下,如浙中之王畿(西元一四九八至一五八二),以及泰州之王艮(西元一四八三至一五四〇),他们的讲学几乎全成了一种社会活动。同时又因他们号为"新儒家",讲的多注重在现实人生与伦常日用,因此他们常常不免要牵涉到政治问题。如是则私家讲学常要走上自由议政的路,而与政府相冲突。因此宋、明两代,亦屡有政府明令禁止书院讲学与驱散学员等事,宋代的程颐、朱熹,都曾受过这一种排斥与压迫。最显著的如明代末年的东林党,他们是一个学术集团,而同时被视为一个政治集团,他们虽多半是在野的学者,但在政治上形成了绝大的声势。因此我们若不了解此七百年来新儒家之精神与其实际的活动,我们亦将无法了解近代中国文化动态之枢纽所在。

中国新儒家，以书院自由讲学为根据，一面代替宗教深入社会，一面主张清议上干政治，这已在上一节叙述过。而那时的新儒家更有一番重要的新贡献，则为对于"地方自治"之努力。唐以前的中国，贵族阶级始终未获完全消融，所谓地方事务，在中央政治力量所照顾不到处，则大体由贵族与门第的力量来支撑与领导。一到宋代，社会真成平等，再没有贵族与大门第存在了。中国是一个大一统的国家，单靠一个中央政府与不到两千个以上的地方行政单位，是管不了民间一切事的。"县"是中国政府最下级的地方行政单位，但大县便俨如一小国，从前每一县必有几个贵族豪家自领己事，等于助官为理。宋后贵族豪家消失了，经济上的大资本家并未产生，社会平铺散漫，而文化益普及益深入。如是则地方行政事务似应更繁重，政治权力似应更伸张，但实际并不然。宋以后地方官厅的事务反而似乎更简了，他们的政治权力反而似乎更缩了，这全是地方自治逐步进展的结果。那些地方自治，也可说全由新儒家精神为之唱导与主持。

举其要者，在经济方面则有义庄、义塾、学田、社仓等。唐代计口授田的制度，到中晚唐以后便崩坏了，认田不认人的"两税制"开始，田亩重新走上兼并的路，那时便有所谓庄园与庄田。"义庄制"亦称义田制，由宋代范仲淹创始，他把官俸所得，捐出大批庄田，用作族中恤贫济困的公田。这一风俗，普遍盛行在中国各地，直到晚清末年，这是一个"农村共产制"之雏形与先声。"义塾"是由私家捐款所立的平民学校，"学田"是以私款捐作学校基金，或奖助贫苦优秀子弟的学费的，"社仓"是农村

第九章　宗教再澄清民族再融和与社会文化之再普及与再深入

在丰年时积谷以供凶荒的一种制度。汉代有"常平仓",唐代有"义仓",都由政府主办。宋后的社仓,则由地方士绅自己处理。这一制度,由朱子之经营而得名。

其关于地方保卫方面,则有保甲制度。汉代之寓兵于农,即全农皆兵制。唐代之寓农于兵,即选农训兵制,皆在上面叙述过。一到宋代,农兵制破坏,募兵制代兴,农民终身不见兵革,农村再没有武力自卫,这亦是宋后社会渐趋弱象之一因。宋有王安石(西元一〇二一至一〇八六),他曾为相,始创"保甲法",再来提倡农村自卫。此虽由政府所领导,但后来常成为地方自治事业之一种,而且曾表显过不少煊赫的功绩。如明代嘉靖隆庆时戚继光之御倭寇,在西历十六世纪中叶;清代嘉庆时傅鼐之治苗乱,在西历十八世纪末年;咸同间曾国藩之平洪杨,在西历十九世纪中叶;莫不以团练与乡兵建绩,他们用的都是保甲遗意。朱子的"社仓制",并亦用保甲法来推行。

以外尚有"乡约",为张载门下蓝田吕氏兄弟所倡始,又经朱子为之增订条例,因其多由同宗族人团成,又专讲人生道义,故为带有宗教与道德精神的一种乡村约法。此后常有按时宣讲乡约的。王守仁门下大弟子之讲学亦与讲乡约合流。

以上所述,书院、学田制度等是关于文化事业的,社仓、义庄制度等是关于经济事业的,保甲、团练制度等是关于警卫事业的,此类事务,皆由乡村自治的约法精神与形式来举办。宋代以下的社会,因有此几项事业,上面虽不经政治力量推动,下面虽没有贵族与大资本家领导,一个形似平铺散漫的社会,而一切有关地方利害的公共业务,却得安稳衍进。

五

宋以下中国社会文化之再普及与再深入，不仅在儒学展开的一方面如此，即在文学、艺术方面，同样可以见到。宋、明以来的诗歌散文，完全沿袭唐人，脱离了宗教与贵族性，而表现着一种平民社会日常人生的精神，并且更普遍更丰盛了。这一层在此不想再多说，这里想说的，是文学方面的另外几个发展。

第一件是"白话文学"之兴起。中国文字一面控制着语言，一面又追随语言而变动，这一层前面已约略叙述过，但到底语言与文字之间，终会有几分隔阂的。为要普及民间，求一般民众之易知易晓起见，于是有白话文学之创兴。白话文学由唐代禅宗"语录"开始。禅宗六祖慧能，自己是一个未受正式教育的人，他的教义，全由他的信徒用口语体写出，以后的禅师们便相率采用了白话语录的体裁。直到宋代，二程门人开始也用白话口语体写其教义，于是语录体遂并行于儒、释间。这是白话文学兴起之一支。

在唐时又有一种"变文"，乃以诗歌与散文合组而成之通俗文，亦用口语体写出。他们采取佛经中所讲，或中国民间原有故事，敷陈演说，使之活泼生动。近代在敦煌石室中发见有《大目犍连冥间救母变文》《舜子至孝变文》等。这一种文体演变到宋代，便成当时的所谓"平话"。这已是纯粹的平民文学，完全脱离了宗教性的面目了。但平话体的出现，同时也可说是古代贵族文学转移到平民文学之一征。汉代的赋体，本亦重在敷陈演说，只是在宫廷中向皇帝贵族们作一种消遣玩赏娱乐的文学作品。宋代的平话,亦可说从宫廷贵族里面解放到平民社会的一种新赋体,这是白话文学兴起之又一支。此下由平话渐变而成章回体的"演义小说",如元代施耐庵的《水浒传》,便由《大宋宣和遗事》脱胎而来。明代吴承恩的《西游记》,便由有诗有话的《大唐三藏取经诗话》脱胎而来。此外如明代之《三国演义》,清代之《红楼梦》等,都成为有名而普遍的社会读物。由此演义小说遂成为中国近千年来平民社会白话文学之又一大宗。

其次再要述及的,则为宋、元"戏曲"之盛行。戏曲在古代,起源亦甚早,《诗经》里的《颂》,本属一种乐舞,这便是古代的戏曲了。但此后经历汉、唐时代,戏曲一项极少演进,直到宋、元,戏曲始盛。宋、元戏曲有一特殊的要点,便是都带着音乐与歌唱,无宁可以说,中国戏曲是即以音乐与歌唱为主的,这亦是中国文学艺术一种特有的性格。

中国人对于人生体味,一向是爱好在空灵幽微的方面用心的。中国人不爱在人生的现实具体方面,过分刻划,过分追求。因此中国文学大统,一向以"小品的抒情诗"为主,史诗就不发达,散文地位便不如诗,小说地位又不如散文,戏曲的地位又不如小说。愈落在具体上,愈陷入现实境界,便愈离了中国人的文学标准。因此中国人的戏曲,到底要歌舞化,让他好与具体的现实隔离。后代戏台上的脸谱等,都是从这一意义而来。

因此我们叙述到宋、元戏曲的开头,应该是从"鼓子词"和"挡弹词"等演化而来的。鼓子词、挡弹词本身便是一种变文或平话,莫不有说有唱,而多半以唱为主,由此再多加以表演的部分，便成为戏曲了。因此我们又可以说，中国的戏曲，只是中国的诗歌与音乐之顺应于通俗化而产生的。

在此我们应该旁述到一些中国的音乐。中国是一个爱好音乐的民族，在古代音乐已极发达，惟大体论之，中国古代音乐也多半偏在贵族与宗教方面使用的。即就乐器一项而论，如钟、磬、琴、瑟之类，都是庞大而又安定，只适合于宗庙与宫殿之用。下到汉代，中国音乐颇受西域外来的影响，尤其在佛教传入以后。但在魏晋南北朝时代，因社会动乱，音乐方面未得圆满畅足之发展。唐代则突飞猛进，几乎有成为世界性的音乐之趋势。但就大体言，还是以大管弦乐与大舞乐为主体的大场面的音乐，运用于贵族与宗教方面者为宜。一到宋代，大管弦乐及大舞乐皆形衰微，音乐规模日趋小型化，宜于平民社会室内之娱乐。即如鼓子词、挡弹词皆是以轻小简单便于移动行走的乐器为主了。搁弹词所用的，只是一琵琶或三弦，由一人挡弹并念唱之。鼓子词则只以一鼓作音节。此等皆极适于平民农村社会之情形。

由此，我们亦可证中国音乐演变，亦同样有自贵族社会宗教场面转移到平民社会日常人生方面之趋向。那时一般文人学士们本来全已是纯粹平民社会的人物了，所以他们的眼光与兴趣，亦不再在贵族门第与宗教方面，而全都转移到平民社会的日常人生上来，因此他们才肯耗费心血，凭借着民间简单的乐器，来谱出他们绝精妙的词曲，这便逐渐地进展而形成为戏剧了。这又是当时新兴的白话平民文学之第三支。

戏剧在宋、金时代已见流行，而到元代则登峰造极。当时尚有"南戏""北剧"之分，而总称则曰"元曲"。大抵北曲始于金而盛于元，南曲始于元而盛于明。北曲著名的，有如王实甫之《西厢记》，马致远之《岳阳楼》。南曲著名的，有如高则诚之《琵琶记》，施君美之《拜月亭》。当时记载元代人所撰杂剧，有五百四十九种之多。一到明代，又由杂剧转成"传奇"，那是由每四折的短剧演进成无限的长剧了。其间著名的则如汤显祖的《牡丹亭》，阮大铖的《燕子笺》，都在文学史上有相当价值的。尤其是在西历十六世纪末十七世纪初明万历时代，起于江南昆山县的南曲昆腔的势力，几于风靡南北。直到近代，南北曲的遗风余韵，依然普遍全国各都市各农村，为平民社会文艺欣赏之又一宗。

由上所说，中国从唐代的杜甫、韩愈演变到宋、元、明时代之关汉卿与施耐庵，岂不明白指示出中国文学在平民社会一种再普及与再深入之趋势，这实在是中国近代文化史上值得注意的一件事。但我们不要误会，以为唐代杜甫、韩愈们的时代到宋、明已成死去，如枯枝朽叶般已经没有他们的生气。这里所叙述的白话文学、小说、戏剧等之发展，寻其根脉，还是从唐代诗文杜甫、韩愈们繁衍伸展而来。当知一干万条，枝叶扶疏，诗文正宗则依然"不废江河万古流"。只在此处，我们没有对他详述之必要。

六

以上约略叙述了文学平民化之趋势，我们要继续说到美术方面。关于字、画两项，一如诗文般，沿着唐人开辟的路向继续推进，继续发展，此处也不拟多说。此下仍想另换一方向略说一些关于工艺美术的事，这又是一种平民的美术。一方面是全由平民创制的，另一方面也是由平民来享受的。

中国是一个农业文化的国家，国内国外的商业虽亦相当发达，但过量的资本，则在国家法令以及社会舆论之经常控制下不获存在。因此工业方面，其演进路向，并不受商业资本偏重于牟利意味之指导，而大部分走上艺术审美的境界。因中国平民一般的聪明、精细、忍耐，与恬澹种种性格上的优点，在工艺方面之造就，便也十分透露出中国文化之内含精神，而这一方面之成功，尤其在唐、宋以下更值得我们注意。

举其著者如陶瓷业，如丝织与刺绣，如雕漆工，如玉工以及其他一切的美术工艺流传在一般社会与日常人生融成一片的，在宋以后的中国文化上实在放了一大异彩。他们虽说是人生日用的工艺品，其实在他们的后面，都包蕴着甚深的诗情画意，甚深的道德教训与文化精神。无论在色泽上、形制上，他们总是和平静穆，协调均匀，尚含蓄不尚发露，尚自然不尚雕琢。

中国思想上所说的"天人合一"，应用到工艺美术方面，则变为"心物合一"。人类的匠心，绝不肯损伤到外物所自有之内性，工艺只就外物自性上为之释回增美，这正有合于《中庸》上所说的"尽物性"。对于物性之一番磨砻光辉，其根本还须从自己"尽人性"上做起。物性与人性相悦而解，相得益彰，这是中国工艺美术界所悬为一种共同的理想境界。因此中国人的工艺，定要不见斧凿痕，因为斧凿痕是用人力损伤了物性的表记，这是中国人最悬为厉戒的。

第九章　宗教再澄清民族再融和与社会文化之再普及与再深入

中国人又常说："鬼斧神工"，又说："天工人其代之"。明代的宋应星，尝著了一部有名的专门讲究制造工业方面的书，他的书名便叫《天工开物》，书成于西元一六三七崇祯十年。这里所称的"鬼斧神工"与"天工"诸语，都是不情愿对外物多施人力的表示。这不是说中国人不愿用人力，只是中国人不肯用人力来斲丧了自然。中国人只想用人的聪明智巧来帮助造化，却不肯用来代替造化或说征服造化。因此中国人颇不喜机械，常赞"匠心"而斥"机心"。因为机械似乎用人的智巧来驱遣物力使之欲罢不能，这并不是天趣，并不是物性。窒塞了天趣，斲丧了物性，反过来亦会损伤到人的自性的。这不是中国文化理想的境界。我们若能运用这一种眼光，来看中国民间的一切工艺美术品，便可看出他共同的哲学意味与内在精神。

中国人一方面极重自然，但另一方面又极重实用，中国人的人生理想是要把"实用"和"自然"调和起来，融成一片。因此中国的民间工艺，一方面完全像是美术品，莫不天趣活泼，生意盎然。但另一方面，他又完全是一种实用品，对于日常人生有其极亲密极广泛的应用。譬如丝织刺绣是属于衣的，陶瓷器皿是属于食的，现在想特别提出略加申说的，是属于居住方面的园亭建筑。上面说过，中国宋以下的民间艺术，只是文学、美术、诗、文、字、画，一切文化生活向平民日常人生方面之再普及与再深入，因此民间工艺常与诗、文、字、画有其显著的联系。因此一只盛饭的瓷碗，他可以写上一首脍炙人口的风雅的唐诗，或是一幅山水人物画，多半则是诗、画皆全。一幅卧床的锦被，也可以绣上几处栩栩欲活的花、草、虫、鱼，或再题上几句寄托遥深的诗句。总之，中国宋以下的民间工艺是完全美术化了，平民社会的日常人生是完全沈浸在诗、文、字、画的境界中了。在建筑居住方面满足此要求的便是园亭建筑。

　　唐代诗人而兼画家的王维（西元六九九至七五九），他是宋、元以下文人画派的始祖。人家说他诗中有画，画中有诗。他所住的辋川别业在今陕西蓝田县南，便是他诗画的真本。王维又是耽于禅理的，他的诗句像"雨中山果落，灯下草虫鸣"，这一类都想把一切有情无情，自然与人生全融成一片。这里正可指出中国人如何把佛教出世的情味融化到日常人生而文学美术化了的一个例证。这一种境界，便全由中国的禅宗创始。所以这一种境界，中国人有时竟称之为"禅的境界"。王维的辋川别业，是要把他的日常起居和他诗画的境界乃至全部哲理人生的境界融凝一致的。而王维正是一个禅味最深的人。中国唐以下佛寺禅院的建筑，大半多选择名山胜地，大半都像王维辋川别业般，有他们同样的用意。但这里到底还脱不净贵族气与宗教气。待到宋以下的中国，宗教与贵族的人生境界全要日常平民化了，这是中国近代文化一大趋势。

　　在建筑方面表示最显著的便是园亭，这是把自然界的山水风物，迁移到城市家宅中来了，好让一般孝亲敬长忠君爱国在现实人生中的人们，时时有亲近自然的机会，随时随地得与花草虫鱼为友，随时得有山水风云荡涤胸襟。只要家宅中有一亩半亩空地，便可堆山凿池，乔木森林，萧然有出世之意。我想只举园亭建筑，便可代表中国工艺美术之一般要求与一般意味了。

第九章　宗教再澄清民族再融和与社会文化之再普及与再深入

七

上述的诸种工艺，如陶瓷、丝织、雕刻、建筑等，他的趋向于平民社会与日常人生，大体上都要到宋代始为显著。唐代的美术与工艺，尚多带富贵气，有夸耀奋张的局面，否则还不免粗气，未臻精纯。一到宋代才完全纯净素朴化了，而又同时精致化了。因此我们可以说，中国的民间工艺实在是唐不如宋。一到宋代，遂更见中国文化向平民社会之更普及与更深入。

这一趋势经历到清朝，先后几及一千年。中间发展最旺盛的有两个时期，一是在明代的万历，当西历十六、十七世纪之交；一则清代的乾隆，当西历十八世纪之中晚。这是唐代开元天宝当西历八世纪之前半以后，中国史上国力最丰隆最畅旺的两时期，尤其以万历时期为甚。

我们只要把玩到那些时期里的每一民间工艺品，我们便可想像出那时中国人的一般生活，便可想像到中国文化之内在精神与其理想境界。我们若不了解中国人的文学美术与工艺，便无法了解宋以下之中国，便把握不住中国文化大流之所趋向及其意义。

第十章　中西接触与文化更新

一

中国文化进展，根据上述，可分为三阶段。
第一：是先秦时代。

天下太平世界大同的基本理想，即在此期建立，而同时完成了民族融和与国家凝成的大规模，为后来文化衍进之根据。

第二：是汉、唐时代。

在此期内，民主精神的文治政府，经济平等的自由社会，次第实现，这是安放理想文化共通的大间架，栽培理想文化共通的大园地。

第三：是宋、元、明、清时代。

第十章　中西接触与文化更新

在此期内，个性伸展在不背融和大全的条件下尽量成熟了。文学、美术、工艺一切如春花怒放般光明畅茂。

若照中国文化的自然趋向，继续向前，没有外力摧残阻抑，他的前程是很鲜明的，他将不会有崇尚权力的独裁与专制的政府，他将不会有资本主义的经济上之畸形发展。他将没有民族界线与国际斗争，他将没有宗教信仰上不相容忍之冲突与现世厌倦。他将是一个现实人生之继续扩大与终极融和。

但在这最近一千年来，其文化自身亦有不少弱征暴露，这在前章里已叙述过。正当他弱征暴露的时候，却遇到了一个纯然新鲜的异文化，欧、美文化，挟持其精力弥满富强逼人的态势突然来临。这一个接触，从明代末年西历十六世纪开始，到今已逾四个半世纪了，越到后来，中国越觉得相形见绌。最近一百年内，中国表现得处处不如人。中国愈来愈穷，愈来愈弱，在此资本主义帝国主义侵略狂潮正值高涨的时代，几乎无以自存。

中国一向是一个农业文化的国家，他一切以"安足"为目的，现在他骤然遇见了西欧一个以"富强"为目的之商业文化，相形见绌了。因西方的富强，推翻了我们自己的安足，中国文化要开始在不安足的环境中失败而毁灭。如是中国人当前遇到了两个问题。

第一：如何赶快学到欧、美西方文化的富强力量，好把自己国家和民族的地位支撑住。

第二：是如何学到了欧、美西方文化的富强力量，而不把自己传统文化以安足为终极理想的农业文化之精神斲丧或戕伐了。换言之，即是如何再吸收融和西方文化而使中国传统文化更光大与更充实。

若第一问题不解决，中国的国家民族将根本不存在；若第二问题不解决，则中国国家民族虽得存在，而中国传统文化则仍将失其存在。世界上关心中国文化的人，都将注意到这两个问题。

二

让我们从中西交通的历史上先约略叙述起。

中国在世界上，是比较算得一个文化孤立的国家。但中国实不断与其四邻异族相交通相接触。中国的对西交通，有西北的陆线与西南的海线两条大路。尤其是汉、唐以下，中国那两条路线之交通频繁，是历历有史可征的。而且中国人对外族异文化，常抱一种活泼广大的兴趣，常愿接受而消化之，把外面的新材料，来营养自己的旧传统。中国人常抱着一个"天人合一"的大理想，觉得外面一切异样的新鲜的所见所值，都可融会协调，和凝为一。这是中国文化精神最主要的一个特性。举其最著的例，自然是东汉以下对于印度文明与佛教思想的那种态度，是值得我们赞佩与惊叹的。那时中国自己传统文化，至少已绵历了三千年，在那时虽说政治动摇，社会衰乱，到底并未到文化破产的征象，但那时的中国人，对印度佛教那种热忱追求与虚心接纳的心理，这全是一种纯真理的渴慕，真可说绝无丝毫我见存在的。

此下到唐代，印度思想之流入，虽逐渐枯绝，但中国对其更西方的大食、波斯一带的通商，却大大繁盛起来。那时中国各地，几乎全都有大食、波斯商人的足迹。只广州一埠，在唐代末年，就有大食、波斯商人集麇达十万人之多。那时中国除却佛教外，还有景教、祆教、摩尼教、回教等传入，这些宗教，虽在中国并不能如佛教般影响之大，但中国人对于外族宗教态度之开放，是很可注意的。

而且除却宗教信仰以外，其他一切，如衣服、饮食、游戏、礼俗，以及美术、工艺各方面，中国接受西方新花样的，还是不可胜举。因此我们可以说，中国不论在盛时如唐，或衰时如魏晋南北朝，对于外族异文化，不论精神方面如宗教信仰，或物质方面如美术工艺等，中国人的心胸是一样开放而热忱的。因此中国文化，虽则是一种孤立而自成的，但他对外来文化，还是不断接触到。中国人虽对自己传统文化，十分自信与爱护，但对外来文化，又同时宽大肯接纳。

中国人第一次接触到西方文化是印度，第二次是波斯、阿剌伯，第三次始是欧洲。欧洲文化开始到东方来，那已在晚明时期了。中国人在南洋的文化势力，是几乎与有史时期俱来的。安南占城，秦时即隶象郡，这早在中国疆土以内了。真腊俗称柬埔寨，至隋时始通中国。暹罗亦到隋时始通，缅甸则汉通西南夷时，已见于中国典籍了，那时称之为掸。爪哇在西元一三二东汉阳嘉时通中国，苏门答腊之三佛齐在南朝时代来贡，婆罗洲在西元六六九唐初来贡，只爪哇一处，自西历二世纪迄十五世纪，前

183

后贡使，见于中国史乘的已有三十余次。

大抵秦、汉到南朝，中国对南洋交通，早已极活跃了，唐、宋时代尤其旺盛，而更活跃的时期则在明代。当明成祖时，郑和奉使海外，修造二千料大海舶，明史称修四十四丈，广十八丈，据近人考订，应该是长十六丈多，阔二丈多的船，共六十二艘，随行将士二万七千八百余人。自此先后奉使达七次之多，所历占城、爪哇、真腊、暹罗、满刺加、苏门答腊、锡兰等凡三十余国。其第三次出使，越过印度南境而抵波斯湾。其第四、第五次，并横跨印度洋而达非洲东岸，那时尚在葡萄牙人甘马发现好望角之前数十年。可见中国虽是一个传统大陆农业文化的国家，他对海上活动，亦未尝没有相当的兴趣与能力。但因中国在上的政府，既无帝国主义向外侵略的野心，倘使有，亦常为下面和平民众所反对。在下的民众，又没有畸形的资本势力之推动，倘使有，亦常为上面的主持经济平衡主义的政府所抑制。因此中国的海上事业，在下只是些和平民众小规模的商贩活动，在上只是政府藉以表示中国文化远播之一种光荣礼节而已。而那些南方热带的海岛居民，他们的生活习惯到底与中国大陆农业相差过远，因此中国文化急切也不获在这些处生根结实。因此自秦以下直迄明代，几乎两千年的时期里，中国与南洋的交通，虽永远展开，但中国既不以武力占领之，而文化传播亦未达十分满意之程度，只是彼此间常保一种亲善的睦谊而止。但一到西洋势力东渐，那些南洋岛民的命运，便急剧恶化，而中国恰亦走上衰运，自经倭寇肆扰，对海事常抱戒心。当西元一六二三利玛窦初到中国之岁，那时明代万历盛运已过，政治社会一切动摇。此下恰恰二十年，便就亡国。满洲入主,那时一辈士大夫,还有什么心绪,能注意到西方的文化方面去呢?

满清入关以后,中国学术全在不正常状态下发展。那时一批第一流的学者,都抱着亡国之痛,对清政权不肯屈服。他们的行动,毕生都不自由,只有闭户埋头,对中国传统文化,作一番彻底从头检讨的工作,他们自无心于旁骛。第二流以下的因应变局已感不易,更说不上什么贡献。清代自削平中国各地的叛变之后,又继续兴着好几次文字大狱,把中国学者的内心自由精神,痛切膺惩,待到乾隆时代,那时正当西方十八世纪三十年代之后,直到十八世纪之末梢,中国社会亦算勉强地和平而繁荣了,一般学者,全都死心塌地,驱束到古经籍的校勘、训诂方面去,不问世事。而那时的西方,正是近代文化开始上路突飞猛进的时候,只可惜中国人又如此地白白糟蹋蹉跎过了。

嘉庆、道光以下,正当西方十九世纪开始时期,中国社会终于要昂起头来反抗满洲人私心狭意的部族政权之统治,但那时中西双方国力,便显著的不相平衡了,中国人要开始尝到南洋诸民族所遭逢的恶劣命运了。那时的中国人,内部尚未能摆脱满清部族政权之羁靮,外面又要招架西洋帝国主义与资本主义之压迫与侵略。中国人在此双重影响下,开始觉悟到要从头调整他的全部文化机构,来应付这一个几千年历史上从未遇到的大变局,那真是一件十分吃力的事。自西元一八四二鸦片战争,直到现在一百年内,中国人便在此情况下挣扎奋斗。我们若看清这三百年来中国人之处境,与其内心情绪之激扰与不安定,则在此时期内,中国人之不能好好接纳西方文化而加以消化,是不足深怪的。

三

　　而且当利玛窦等初来中国时，他们的一腔热忱，只在传教。但在中国传统文化机构上，宗教早不占重要的地位。耶稣教偏重对外信仰，不能像佛教般偏重自心修悟，较近中国人的脾胃。因此明代的中国人，不免要对西方传教士抱几分轻蔑心理，这亦是很自然的。利玛窦等想把他们天文、舆地、历法、算数等知识炫耀于中国人之前，因此来推行他们所信仰的教义。但在中国人看来，他们天文、舆地、历法、算数等知识是值得欣羡的，他们的教义，则是值不得信从的。利玛窦等想把中国人从天算、舆地方面引上宗教去，但中国人则因怀疑他们的宗教信仰而牵连把他们天算、舆地之学也一并冷淡了。这是一件很可惜的事。起初利玛窦等因感在中国传教不易，因之对于中国固有的礼俗，一切采取容忍态度，在中国的基督徒也许祀孔祭祖，这是当时耶稣会一种不得已的策略。但在西方的教会，则始终反对是项策略。而在中国也同样激起了康熙时代，除却利玛窦派之外，一概不得在中国传教的诏令。我们大体上可以说，近三百年来的中西接触，前半时期，是西方教士的时期，他们在中国是没有播下许多好成绩的。

　　一到十八世纪终了，十九世纪开始，西方情形大变了，西力东渐的急先锋，显然不是教士而是商人了。那时西方资本主义与帝国主义的力量，正如初生之虎，其锋不可当。但在中国人心里，是一向看不起富强侵略的。中国人经过几次挫折，也都知道自己力量不如人了，但还敌不过他内心中的一股义愤与鄙夷。因此在中国人眼光里，又不免要误会到西方只是些贪利与恃强的勾当，而忽略了在他后面策动的西方文化的真力量与真性质。在那时的日本，他虽说是中国文化之附庸，但到底薰陶不深，他受西洋势力的压迫，便翻然变计，一心一意慕效富强，学习侵略，在不久的时期内，日本早已现代化了，他也就变成一个富强而能发动侵略的国家了。但在中国则不然。日本人之学西洋，是举国一致，兴趣集中的；在中国则是随伴着一种鄙夷之心，由于不得已而学之的。在中国人看来，误谓西方一切，全是供作资本主义与帝国主义吞噬攫夺用的一种爪牙，以及欺骗引诱人的一种假面具而已。在日本人则只要这一副爪牙假面具而已足，在中国人则内心实在讨厌这一些，而又不得不勉强学习他。中、日两国效法西化之一成一败，是有他双方心理上甚微妙的一种因缘的。我们亦可以说，西力东渐的第二期，他的商人先锋队，在中国所留下的影响，并不比教士们好些，而且是更坏了。

四

话虽如此说，这三百年来的中国人，对此西方异文化的态度，到底还是热忱注意虚心接纳。利玛窦初来，便得中国名儒徐光启与李之藻之笃信与拥护。清代经学家，对于天文、历法、算数、舆地、音韵诸学，他们一样注意到西方的新说而尽量利用。一到晚清末叶，中国士大夫潜心西方理化制造之学的也多了，后来越发扩大，对于西方政法、经济、社会组织、文、史、哲学，其他一切文化方面，在中国全都有人注意研究。一到双方接触渐深，中国人知道西方社会并不尽是些教堂与公司，牧师与商人，也不完全就是一个资本主义与帝国主义之富强侵略，中国人对西方文化的兴趣便突然浓厚。中国人那种追求纯真理的渴忱，又在向西方世界五体投地的倾倒备至了。

在不久以前，中国知识界里颇有一辈人主张把中国传统全部文化机构都彻底放弃了，如此始好使中国切实学得像西方。但这一种见解流行不久，便为中国人民所厌弃。现在的中国人，已经渐渐懂得把全部西方文化分析解剖，再来与中国固有文化相比量。现在的中国人，他们渐渐觉得西方文化所最超出于中国，而为中国固有文化机构里所最感欠缺的，是他们的自然科学一方面。自然科学亦是一种纯粹真理，并非只为资本主义与帝国主义做爪牙。中国人学习科学，并非即是学习富强侵凌。而且这一次世界大战争，中国又身当其冲，中国人深感到自己传统的一套和平哲学与天下太平世界大同的文化理想，实在对人类将来太有价值了。而中国的现状，又是太贫太弱。除非学到西方人的科学方法，中国终将无法自存，而中国那套传统的文化理想，亦将无法广播于世界而为人类造幸福。中国人在此两重观念下，始从内心真诚处发出一种觉悟，这是中国传统文化所负最大使命之觉悟。此下的中国，必需急激的西方化。换辞言之，即是急激的自然科学化。而科学化了的中国，依然还要在中国传统文化的大使命里尽其责任，这几乎是成为目前中国人的一般见解了。

第十章　中西接触与文化更新

五

现在有一个新问题急待提出，即是在中国传统文化机构里，为何没有科学的地位呢？中国传统文化机构里傥无科学的地位，中国要学习西方科学是否可能呢？中国学得科学而把新中国科学化了，那时是否将把中国固有文化机构损伤或折毁呢？这些问题是批评中国传统文化以及预期中国新文化前途的人所共同要遇到的，本书作者愿在下面约略申述一些个人的意见。

严格说来，在中国传统文化里，并非没有科学。天文、历法、算数、医药、水利工程、工艺制造各方面，中国发达甚早，其所到达的境界亦甚高，这些不能说他全都非科学。若把东方文物输入西方的重要项目而言，如蚕丝在两汉时代已不断由中国传入罗马，其后到西元五五〇南朝梁简文帝时，波斯人又将中国蚕种传至东罗马都城君士坦丁。造纸法在中国东汉时已发明，直至唐玄宗时，大食人始在西域获得纸匠，因在撒马尔罕设立纸厂，为大食人造纸之始。大食专利数百年，直到西历十二世纪，造纸法始入欧洲。如罗盘早见于南北朝时代之《宋书》，称为周公所作，西历三世纪初年马钧，西历五世纪中叶祖冲之，都造过指南车。此后到西历十一世纪中叶北宋沈括的《梦溪笔谈》里又记载到此种制造。欧洲用磁针盘供航海用，始于西元一三〇二年，那已在元成宗大德六年，尚在沈括所记之后二百五十年。这也是由阿剌伯人从中国传入欧洲的。雕版印刷术，中国发明尚在西历九世纪以前，前章已叙述过。到西历十一世纪前半期宋仁宗时，毕昇又发明活版印书。至欧洲方面德国创始活字版，已在西元一四三八明英宗正统三年，后中国四百年。又如火药，中国古时已有。据《三朝北盟会编》，西元一一二六北宋靖康时，已见火炮。南宋虞允文造霹雳炮，以纸包石灰硫黄为之。孝宗时，魏胜造炮车，火药用硝石、硫磺、柳炭，这些都在西历十二世纪内。至欧洲德人初造火药，已在西元一三五〇元顺帝至正十年，那已是十四世纪之中叶了。至于发射火药之炮，在欧洲使用，则已在十五世纪了。又如清代北京的天文观象台，建造始于西元一二七六年元代之郭守敬，较之欧洲最早西元一五七六年丹麦人所建天文台，尚早三百年。而郭守敬所造仪器，还都是模仿宋人的。至若明代宋应星所著的《天工开物》十八卷，书成于西元一六三七，中间所载一事一物，何莫非中国人从科学经验中得来的可宝贵的知识。谁又能在近代科学技术与传统工艺技巧之间，分划出一条截然的鸿沟来呢？

所以我们若说，中国传统文化里，没有科学地位，这是一句冤枉话，不合历史情实。平心论之，在西历十八世纪以前，中国的物质文明，一般计量，还是在西方之上。只在西历十九世纪之开始，西方近代科学突飞猛进，这一百五十年来，西方社会之日异月新是至可惊异的，而中国在此时期里，反而步步落后。我们若专把这一段切线来衡量中国文化，是要陷于短视与偏见之诮的。

六

但在中国传统文化里，虽说未尝没有科学，究竟其地位并不甚高。中国全部文化机构言之，科学占的是不顶重要的部位，这亦是事实。到底科学在中国不好算得很发达，这又为什么呢？现在试再举要论列。第一：中西双方的思想习惯确有不同。东方人好向内看，而西方人则好向外看。这一层上面已约略说过。因此太抽象的偏于逻辑的思想与理论，在中国不甚发展，中国人常爱在活的直接的亲身经验里去领悟。

科学与宗教，在西方历史上虽像是绝相反对的两件事，但在中国人眼光看来，他们还是同根同源，他们一样是抽象的逻辑的向外推寻。在中国既没有西方人那种宗教理论与兴趣，因此西方人那样的科学兴味在中国也同时减少了。譬如哥白尼的"地动说"，达尔文的"进化论"，在西方是一种惊天动地的大事业，因其与他们的宗教理论宗教信仰恰相反对之故。但在中国，根本便没有西方般上帝创世一套的宗教，虽则在社会上亦有天地开辟等传说，但在整个学术思想上，本来没有地位。佛教思想亦不重这方面。因此中国人听到哥白尼地动说，达尔文进化论等，只觉其是一番证据确凿的新知识，并不觉得他有惊天动地的伟大开辟。因此中国人对于此等科学新说之反应，反而好像是有些平淡与落莫了。这是说的科学思想方面。

再说到科学应用方面。科学发展，多少是伴随着一种向外征服的权力意识而来的，那种意识又并不为中国人所重视。在国际政治上反对帝国侵略，在社会经济上反对资本剥削。科学发明，在此两方面的应用，遂不为中国人所奖励，有时把他冷淡搁置，有时尚要加以压迫摧残，如此则西方般的科学发明自然要中途停顿。即如上述火药、罗盘、雕版印刷三项大发明，只有印刷术一项，在中国社会上始终为人看重。火药则用来做花爆，放在空中，变成一种佳时令节的娱乐品。这早已十足的艺术化了。元、明、清三代，每遇战事，便要感到大炮威力之需要，他们只向西方临时取法。一到战事消弭，大炮的重视也冷淡了，再不关心了。如此则中国的军用火器，便永远停滞，落人之后，不再进步了。又如罗盘，一般社会用来定方向，测日晷，建屋筑墓，应用到鬼神迷信方面去了。中国虽很早便有相当的造船术，相当的航海技能，但中国人没有一种远渡重洋发展资本势力的野心，因此罗盘应用也不能像西方般发挥尽致。

在西方的名言说："知识即是权力"，中国人决不如此想。尤其是近代的科学知识，这真是人类最高最大的权力表现，但中国人心目中不重视权力，故而西方般的科学发明又少了许多鼓励与鞭策。

七

现在再进一步言，自然科学在中国文化进程里不很发达的第二原因。

似乎每一种文化，只要他在进展，他自然要用力向他缺陷处努力克服与弥补。上面说过，中国文化是先在一个广大规模上逐步充实其内容，而西方文化则常由一较小较狭的中心点向外伸扩，此亦由于双方自然环境所影响。因为西方的地势，本自分裂破碎，不易融凝合一，因此在西方世界里常见其相互冲突与不稳定。西方人的心里，因此常爱寻求一个超现实的、抽象的、为一般共通的、一种绝对的概念来作弥补。这一概念，如古代希腊悲剧里的"命运观"，哲学上的"理性观"，罗马人的"法律观"，耶稣教的"上帝观"，近世科学界对于自然界之"秩序观"与"机械观"，皆可谓其同根共源，都根源于一种超现实的、概括的、抽象的、逻辑的、理性的、和谐之要求。此种"和谐"却全是"外力的"，西方人即以此种外力的和谐之想像，来弥补克服他们内在世界之缺陷。但到底他们的文学、艺术、哲学、宗教、法律、科学诸部门，依然还是相互分割，各有疆界，亦如西方的自然环境般不易调协，到底不免要各自独立，相互对抗。

中国文化则自始即在一个广大和协的环境下产生成长，因此中国方面的缺憾并不在一种共通与秩序，这一方面，早已为中国文化所具有了。中国方面的缺陷，则在此种共通与秩序之下的一种"变通与解放"。因此中国人的命运观，并不注重在自然界必然的秩序上，而转反注意到必然秩序里面一些偶然的例外。中国人的法律观，亦不注重在那种铁面无私的刻板固定的法律条文上，而转反注意到斟情酌理的，在法律条文以外的变例。中国人的上帝观念，亦没有像西方般对于理性之坚执。西方人的上帝是逻辑的，中国的上帝，则比较是情感的，可谓接近于经验的。中国人的兴趣，对于绝对的、抽象的、逻辑的、一般的理性方面比较淡，而对于活的、直接而具体的、经验的个别情感方面则比较浓。这亦是中国文化系统上一种必然应有的弥缝。因为中国世界早已是一个共通的世界了，中国社会早已是一种和谐而有秩序的社会了，若再如西方般专走抽象与逻辑的路，将使中国文化更偏到一般性的与概括性的方面去，如此则将窒塞了各自内部的个性伸展。

中国哲学上有一句话，叫做"理一分殊"，中国人认为"理一"是不成问题了，应该侧重的转在"分殊"方面。如此科学思想便不易发展。科学思想的精髓，正在抽象理性的深信与坚执，正应侧重在其"理一"方面，而不在侧重其"分殊"方面。西方科学家因刻意寻求"理一"，此正西方文化之所缺，故不惜隔绝事实，从任何实体中抽离，来完成他的试验与理论。中国人不爱如此做，中国人常视其现状为融和圆通的，实际上中国人生活正已在理性之中，因此却反要从理性外寻求解放。但虽如此，在中国人观念里，像西方般的宗教、法律、文学、哲学、科学、艺术诸部门，仍然是融和调协的。他们在实际上只是一体，此即所谓"理一"，他们相互间不需要亦不允许界限与分别。这是中国文化不求和谐而早已和谐处。

　　若用西方眼光来看中国，不仅中国没有科学，即哲学、宗教等，亦都像没有完全长成。中国思想好像一片模糊，尚未走上条理分明的境界。但我们若从中国方面回看西欧，则此等壁垒森严，彼此分别隔绝的情形，亦不过一种不近情理的冷硬而无生趣的强为分割而已。双方的学术思想界，正如双方自然环境般，一边只见破碎分离，一边只见完整凝一，这是中西的大分别所在。

八

　　我们再从第三方面言，我们尽管可以说中国科学不发达，却不能说中国人没有科学才能，倘使中国人真的没有科学才能，则他们历史上,也不会有如许般的发现和发明。不过中国人科学才能之表现,也有和西方人不同处。中国人对物常不喜从外面作分析,而长于把捉物性直入其内里。这因中国人常爱把物界和人类同一看待,常把自然界看成一有生机的完整体,因此好谈"物之性",而不喜欢谈"物质构造"。同时中国人观察的眼光是极灵敏的,他既透过物体外层之构造,而向内深入直接捆捉住物性,因此中国人一样能利用物界,只在西方人看来,好像是知其然而不知其所以然,还未到理性分析的境界。中国人也常说:"可以神遇,而不可以目视;可以意会,而不可以言传",便是说的这个道理。中国人在他"神遇""意会"的一番灵感之后,他也有本领把外物来作试验和证明。中国人对于试验和证明的手腕和心思,又是非常精细而极活泼的,否则中国人的灵感,将永远在神秘中,不能有许多实际的发明和制造。但因中国人观念中不重分析,因此也没有理论上的说明,一切发现,遂只变成像是技术般的在社会传布,缺乏了学理的解释与再探讨,如此则像是使后起的人仅能心领神会,不易继续模仿前进,这亦像是造成了中国科学界一极大的缺憾。

九

以上所说,都是中国传统文化里不能像似西方般的科学发展之原因。但中国文化其本身内里亦自有其一套特殊性的科学,只不能如西方般的科学同等发展。最多亦只是不易在自己手里发生出如西方般的近代科学来，却不能说他连接受西方科学的可能亦没有。则何以近百年来，西方科学思想与科学方法大量输入，而中国方面还是迟迟不进，老见落后赶不上去呢？这里面亦有其他的原因，最主要的，由于最近当前的中国人，只依照着西方人的"功利"眼光去看他们的科学，而没有把"纯真理"的眼光来看。日本人也同样以功利眼光看科学，但日本人中心歆羡功利，因此学成了。中国人心里则实在菲薄功利，只逼于事势，不得不勉强学习，因此学不深入。又一原因则在中国政治、社会全部变动，非到国内得一相当安定的局面，西方科学也无从生根滋长。此后的中国，国内国外的和平秩序恢复了，对科学的观念也正确了，我想科学在中国，一定还有极高速度的发展。

十

让我们再谈到最后一问题，科学在中国一如在西方般发展以后，是否将损害或拆毁中国原来的文化传统呢？这一问题颇是重要，但据本书作者之意见，中国固有文化传统，将决不以近代西方科学之传入发达而受损。因为中国传统文化，一向是高兴接受外来新原素而仍可无害其原有的旧组织的。这不仅在中国国民性之宽大，实亦由于中国传统文化特有的"中和"性格，使其可以多方面的吸收与融和。

姑让我们具体而浅近的说一些。即以儒家思想与耶稣教义论之，在儒家思想的系统下，尽可接受耶教教理。耶教最高教理在

"信仰上帝创世",儒家思想之主要中心则为"性善论"。在人性皆善的理论上加上一个人类由上帝创造的学说是无伤大体的。因为人类傥由上帝创造,亦未必便见人性皆恶。但反过来,在耶教教理方面,却不能轻易接受儒家思想,因为你若真相信人性皆善,则不得不接受如孟子所说:"人皆可以为尧舜",及禅宗所谓"自性自佛"的话,从此发展引伸,便要对耶教一切仰赖上帝的宗教理论,加以无形的打击了。循此而下,耶稣教势非亦变成一变相的儒家不止。因此儒家思想可以容忍耶稣教,耶稣教却不能容忍儒家思想。在晚明及清初,中国人可以接纳利玛窦,但西方教会则必须排斥利玛窦,便为此故。这里面并非全为中西双方民族性之不同,而双方教义性质之不同,实更为重要。

再以儒家思想与佛教教理言之,儒家思想之终极目标为"修身、齐家、治国、平天下",佛家的终极目标为"入无余涅槃而灭度之"。在儒家思想的系统下,尽可容受此种"无余涅槃"之观念,无论大乘教义的或小乘教义的。宋、明新儒家便常有此种理论,这无异于成了"生而不有,为而不恃,功成而弗居"的境界。因此儒家尽可谈佛参禅,在儒家的功业上,再加以佛家的胸襟是不相妨的。依然不害其为儒。但佛家却不能轻易接受儒理,若佛家亦来讲修身、齐家、治国、平天下,则必蓄发回俗,不成其为佛,而转变为儒了。我们若明得此理,便知中国社会上有所谓"三教合流"乃至对于一切宗教之容忍,是不足为奇的了。

"科学"与"宗教"在西方是显相敌对的。信了科学便不能再信宗教,因此双方水火,互相排斥。但在中国固有文化的机构下,是既可容受宗教,亦同样可以容受科学的。就思想系统而说，西方近代科学界之新理论，他们所针对的是他们的宗教教理，并非针对着中国思想。在中国思想里加进西方科学成分，只是有益无损。《中庸》上说：

> 尽己之性，而后可以尽人之性，尽人之性而后可以尽物之性，尽物之性而后可以赞天地之化育。

承认有"天地之化育"是宗教精神，要求"尽物之性"是科学精神，而归本在"尽己之性"与"尽人之性"两项下面，则是儒家精神了。儒家承认有天地之化育，但必需用"己"和"人"去赞助他。宋儒说："为天地立心"，便是此旨，如此则便非纯宗教的了。儒家亦要尽物之性，但必着重在尽人性上下手，则便非偏科学的了。因此西方人的科学与宗教之相互敌对，一到儒家的思想范围里，便须失其壁垒。宗教与科学，在中国传统文化的意义下，都可有他们的地位，只不是互相敌对，也不是各霸一方，他们将融和一气而以儒家思想为中心。

近代西方科学的趋势，已有些"尽物性而损及人性"的倾向了。《中庸》上所谓"尽人之性而后可以尽物之性"一句话，我们可从两方面分别讲述。先从浅一层向外方面言之，民主精神的"文治政府"，经济平衡的"自由社会"，是尽人性的共通大骨干，必先在这种政府和社会的控制下来发展科学，才是合于"尽人性而后可以尽物性"的意义。像西方科学界这样为人无控制的利用，在中国人观念下是不甚同情的。近百年来的中国政治和中国社会一切失却轨道，无怪中国人对于西方科学的兴趣，要老是趋趑趄徬徨了。

《左传》上曾说过："正德、利用、厚生。"中国人一向重视现实人生，"利用""厚生"自然要讲究，但中国人观念里认为非先"正德"，则利用、厚生到底不可能。西方科学似乎仅注意在利用上，倘使专从利用的目标走去，是走不到正德的境界的，不能正德亦将不能厚生。"正德"便是"尽人性"，"利用"便是"尽物性"。

十一

再从深一层向内方面言之，中国人向来主张"天人合一"与"心物合一"，这在上面已说过。因此中国人的对物观念，常和对人观念般，认为他们中间也有融和一致的共通相似点。常认为"物性"与"人性"，一样是一种"天地之性"，应该不相违异。因此中国人的对物态度，与其说是"科学的"，毋宁说是"艺术的"。其实在中国人观念下，根本便不情愿把科学、艺术、宗教、哲学一样样分开，使之各立门户，不相闻问。中国人常愿将此种种差别同样的融和一气，不加区分。因此中国人常说：

技而进乎道。

又说：

形而上者谓之道，形而下者谓之器。

"技"与"器"应该属艺术还该属科学,是分辨不清的。"道"应该属宗教还该属哲学,一样分辨不清。"形上""形下",一气贯注,才是中国人的理想。我们若把西方通行语说之,他须是一个"宗教与哲学家",他才可做一"理想的艺术家与科学家","与"字义,不同"或"字。

《易经》里面把中国古代一切关于人事方面之制造与发明,即艺术与科学,统统归之圣人的功绩。圣人略犹如西方之哲学家。而圣人所以能制造发明这些东西,则全由于他能"法则天象",所谓:"天垂象,圣人则之",此即宗教。正为"天""人""物"三者中间,有一个共通一贯的道理。也可说是一种共同相似的倾向。天、人、物三者间,因有这一种共通的道理和倾向,所以才能形成这一个共同生息的宇宙。这一种道理或倾向,儒家称之为"性"。物之性太杂碎,天之性太渺茫,莫切于先了解人之性。要了解人之性,自然莫切于从己之性推去。因为"己"亦是一"人","人"亦是一"物"。合却天、地、人、物,才见造化神明之大全。这是中国思想整个的一套。在此一套思想里,尽可有科学家的地位。

上面说过,中国人的科学天才,是偏长于对有机完整的全体作一种"直透内部心物共鸣的体察"。这是宗教、哲学、艺术、科学同根共源之点。若使科学在中国获得长足进展,一定在这一方面有他惊人的异采。本节所用"宗教"、"哲学"等名词,皆就西方术语用之。在西方文化系统上,宗教与科学为两大壁垒,而哲学则依违两可于其间。在中国根本无哲学,在西方人眼光下,中国仅有一种"伦理学"而已。中国亦无严格的宗教，中国宗教亦已伦理化了。故中国即以伦理学，或称"人生哲学"，便可包括了西方的宗教与哲学。而西方哲学中之宇宙论、形上学、知识论等，中国亦只在伦理学中。西方学术重区分，中国则重融通，故西方科学必另自区分为一大类，中国科学则仍必融通于此一大全体之内。西方科学家观察外物，全从一种区分精神。中国有科学家，亦仍必以完整的全体的情味来体会外物。此虽非绝对如此，然双方畸轻畸重之间，则必有如此的趋势无疑。

十二

上文所说的科学，乃专指"自然科学"而言。我们若再进一步深细言之，则自然科学之外还该有"人文科学"。近代的西方，自然科学突飞猛进，而人文科学落后赶不上，两者间脱了节，遂致形成近代西方文化上种种的病态。

但人文科学毕竟与自然科学对象不同，质性相异，我们不能用同一的心习，或同一的方法来驾驭来探究。若"就性质言"，自然科学是重在"抽象"方面的，而人文科学则重在"具体"方面。若"就方法言"，自然科学是"推概"的，而人文科学则是"综括"的。

让我们粗略地把各项学科依次作一序列。数学与几何学，是最抽象最推概的，他是自然科学之柱石，若无数学，即不能有自然科学。但物理、化学，较之数学与几何学，已不能全重抽象，全用推概的方法了。天文学、气象学乃至地质学等，更具体了，既属具体，则便须综括，不能推概。如二加二等于四，三角形内之三角等于两直角，如此之类是最抽象的，可以推一概万的。力学中之杠杆，以及化学中之氢二氧为水之类，便渐由形式而落到实体，渐从推概中稍带有综括的意了。若至天文、气象、地质，你决不能专据一隅而推概万方，你只有在各地方的具体事象中综括出一通则来。以上都说的物质科学。若依次轮到生命科学，如生物学，虽亦属于自然科学之一边，然因其有了生命，便不能不有相互间之变异。既有变异，便不能推概，更须综括。若由生物学转到人类学，再转到社会学、历史、文化学之各部门，那距离自然科学更远了，其相互生命间，各有个性，变异更大，更不能抽象地推概。

　　人文科学是有生命的，有个性的，有变异的，只有具体的综括，始可得一近是的真理。若用抽象的推概方法，则无不失败。经济学较政治学可推概些，何以故？因经济学中还多含自然物质的成分，而政治学则人文的意味更偏重了。你说："凡人皆有死，苏格拉底是人，所以苏格拉底亦有死"，这不属人文科学的范围，这依然在自然科学的围墙里面，因此虽像说的是人事，而依然可以推概，可以成一逻辑。但你不能说："凡人皆怕死，苏格拉底是人，所以苏格拉底亦怕死"，这不是一推概的命题，而应该是一综括的命题。你须先问苏格拉底是否怕死，再可确立凡人是否怕死之一辞。因为这是属于人文科学的园地了。人文科学的对象是最富个性最多变异的，因此是最具体最切实，最宜综括的。不比自然科学的对象，没有个性，无变异，只是些抽象的形式，可以推概。

我们若明白得这点，我们亦可说，西方人的心习，和其惯用的方法，使他在自然科学方面更有成就，更见成绩。中国文化是一向偏重在人文科学的，他注重具体的综括，不注重抽象的推概。惟其注重综括，所以常留着余地，好容新的事象与新的物变之随时参加。中国人一向心习之长处在此，所以能宽廓，能圆融，能吸收，能变通。若我们认为人文科学演进可以利用自然科学，可以驾驭自然科学，则中国传统文化中可以容得进近代西方之科学文明，这是不成问题的。不仅可以容受，应该还能融化能开新。这是我们对于面临的最近中国新文化时期之前途的希望。

十三

现在我们将结束本书，不妨把中国文化演进分成几个阶段的观念在此重新提掇一遍。

第一：是先秦时代，那时中国人把人生大群的共同理想和信念确定下来了，这是中国文化演进的大方针，即中国文化之终极目标所在，在此时期明白提出，以下则遵循此路向而前进。

第二：是汉、唐时期，那时的中国人把政治、社会一切规模与制度亦规划出一个大体的轮廓了。这是人生的共通境界，必先把这一个共通境界安顿妥贴，始说得上各人的个别发展。

第三：是宋、元、明、清时期，那时的中国人，更显著的发展，是在文学与艺术方面。人生的共通境界安定了，个性的自由伸展也开始了。

第四：是我们当前面临着的最近将来的时期，人事上的共通方面与个别方面都已安排照顾到了，下面应该注意到四围的物质环境上来尽量的改善与利用。

概括言之，第一时期，可说像是西方的"宗教与哲学时期"，此处所用宗教与哲学两词之含义已释在前，即对人生之理想与信仰。第二时期，可称"政治与经济时期"，政治采用民主精神的文治政府，经济主张财富平衡的自由社会。第三时期可称"文学与艺术时期"，文学艺术偏于现实人生，而又能代表一部分共同的宗教性能者。第四时期可称为"科学与工业时期"，科学在理论方面，必然将发挥圆成第一时期之理想与信仰。科学在实用方面，必然受第二时期政治与经济理论之控制与督导。

但此种区分，并非说中国文化在变异与转换，只是说中国文化在推扩与充实。中国文化依然是这一个大趋向，只逐次推扩到各方面，又充实了各部门。更此以往，乃始为中国人真到达他终极理想的"天下太平与世界大同"的时期。

附录　中国文化传统之演进

一

我们先问一句,什么叫"文化"?这两个字,本来很难下一个清楚的定义。普通我们说文化,是指人类的生活;人类各方面各种样的生活总括汇合起来,就叫它做文化。但此所谓各方面各种样的生活,并不专指一时性的平铺面而言,必将长时间的绵延性加进去。譬如一人的生活,加进长时间的绵延,那就是生命。一国家一民族各方面各种样的生活,加进绵延不断的时间演进,历史演进,便成所谓"文化"。因此文化也就是此国家民族的"生命"。如果一个国家民族没有了文化,那就等于没有了生命。因此凡所谓文化,必定有一段时间上的绵延精神。换言之,凡文化,必有它的传统的历史意义。故我们说文化,并不是平面,而是立体的。在这平面的、大的空间,各方面各种样的生活,再经历过时间的绵延性,那就是民族整个的生命,也就是那个民族的文化。所以讲到文化,我们总应该根据历史来讲。

什么是中国文化？要解答这问题，不单要用哲学的眼光，而且更要用历史的眼光。中国文化，更是长时期传统一线而下的，已经有了五千年的历史演进。这就是说，我们国家民族的生命已经绵延了五千年。但是这五千年生命的意义在那里？价值在那里呢？这好像说，一个人活了五十岁，他这五十年的生命意义何在？价值何在？要答复这问题，自该回看他过去五十年中做了些什么事，他对于社会、国家、人类曾有些什么贡献，他将来还有没有前途。我们同样用这种方法来看中国民族，这五千年来它究竟做了些什么，它在向那一条路跑。如我们日常起居生活，都有他的目的和意义；如是一年两年，三年五年，天天老是这样操作着，他定有一个计画。如果他的计画感到满足完成了，那他又将生出另外一个想像。中国近百年来所遭遇的环境，受人压迫，任人蹂躏，可谓痛苦已极。假如有一时候，中国人又处在独立自由，国势兴隆，幸福康乐的环境下，再让他舒服痛快的过日子；那么这时候，他又将怎样地打算呢？他会又想做些什么呢？要解答这问题，我们就要看中国文化本来是在向那一条路走。这就说到了一个国家民族文化内在的性格。中国人现在不自由，不平等，国势衰弱，遭人压迫，事事都跟着人家后面跑，那是暂时事；难道中国人五千年来都在跟着人家脚后跟的吗？就算是如此，难道他心中就真的没有一条路线、一个向往吗？一个人在他的生命中，定有他自己所抱的希望与目的。如果没有了，那么他的生命就毫无意义与价值了。国家民族也如此。我们中国既经了五千年历史，他到底在向着那一条路跑的呢？这是我们要明了的第一点。第二点，它究竟跑了多少路？曾跑到了它的目的没有？还是半途停止了？这就如我们常说的中国文化衰老了吗？已经死了吗？我现在就想用历史观点来讲明这一些问题。

中国文化传统，是有它的希望和目的的。我们现在只要看它在那条路上跑，到底跑了多少远，是继续在进步呢？还是停住不再向前了？还是转了方向，拐了弯？我们讲中国文化传统演进，就该注重在这些问题上。因此我此刻所讲，虽是已往的历史，但可以使我们了解中国现在的地位，和它将来的前途。

再换一方面说，我们如果是要写一本"中国文化史"，究竟应该分几期来写呢？历史本不能分期，好像一条水流不能切断，也像人的生命般不能分割。但我们往往说，某人的一生，可以分成几个时期；像说某人第一时期是幼年在家期，第二是青年求学期，第三或是从事革命期，第四第五是什么时期等。我们若将他这样的分成几个时期了，我们自可知道他曾希望做些什么，又完成了些什么。我也想将中国文化史分成几期，来看它循着那一条路走。但分期实在很难。我们先得要看准它所走的路线，才能决定怎样去分程。我个人想，把中国文化从有史起到现在止，分为三期。秦以前为第一期，秦以后到唐为第二期，唐以下到晚清为第三期，现在则是第四期开始。这样分法，我想诸位无论是学历史的或不是的，都会感到这是很自然的一种普通一般的分法。我们普通谈中国史，大都说秦以前的学术思想最发达、最好，秦以后就衰落不兴了。又有些人说，汉唐时代的政治和社会都很富强隆盛，有成绩，唐以下宋、元、明、清各代就都不成了。由这里，可见普通一般人，大都也将中国史分成这几段。

二

说到中国文化，如果我们想把世界上任何民族的另一种文化来作比，尽不妨是很粗浅，很简单，但相互比较之后，便更容易明白彼此之真相。我想最好是把欧洲文化来作比。因为如巴比伦、埃及等，现在都已消失；他们的生活，似乎没有什么力量，因此也没有绵延着很长的历史，只在某一时间之内曾飞黄腾达过，但不久即消失，犹如昙花一现，不能久远。若论能长时间奋斗前进的，从目前说，只有两个文化，一是中国，一是欧洲。我们若把此双方互作比较，便可见许多不同的地方。

欧洲历史，从希腊开始，接着是罗马，接着北方蛮族入侵，辗转变更，直到今天。他们好像在唱一台戏，戏本是一本到底的，而在台上主演的角色，却不断在更换，不是从头到尾由一个戏班来扮演。而中国呢？直从远古以来，尧、舜、禹、汤、文、武、周、孔，连台演唱的都是中国人，秦、汉、隋、唐各代也都是中国人，宋、元、明、清各代上台演唱的还是中国人，现在仍然是中国人。这一层便显然双方不同了。

再说一个譬喻，中国文化和欧洲文化的比较，好像两种赛跑。中国是一个人在作长时间长距离的跑。欧洲则像是一种接力跑，一面旗从某一人手里依次传递到另一人，如是不断替换。那面旗，在先由希腊人传递给罗马，再由罗马人传给北方蛮族，现在是在拉丁、条顿民族手里。而有人却说，说不定那面旗又会由斯拉夫民族接去的。而且他们这面旗，也并不是自己原有的，乃是由埃及人手里接来的。

所以中国文化和欧洲文化相比,有两点不同。第一,就时间绵延上讲,中国是由一个人自始至终老在作长距离的跑,而欧洲是由多人接力跑。第二,就空间来说,欧洲文化,起自希腊雅典,由这个文化中心向四周发散。后来希腊衰微,罗马代兴,文化中心便由希腊搬到罗马,由罗马再向四周发散。因此他们在历史演进中的文化中心,也从一个地方另搬到别一个地方,依次的搬。到近代列强并立,文化中心也就分散在巴黎、伦敦、柏林等地方,再由这几个中心各自向四周发散。所以西方文化,常有由一个中心向各方发散的形态。而且这些文化中心,又常是由这一处传到那一处。这种情形,连带会发生一种现象,就是常有文化中断的现象;在这里告了一个段落,然后在别处再来重演。中国文化则很难说是由这一处传到那一处。我们很难说中国文化是由山东传到河南,再由河南传到陕西,由陕西传到江西,由江西传到江苏,如是这般的传递。中国文化一摆开就在一个大地面上,那就是所谓中国,亦即是所谓中国的"体"了。关于这一点,在古代历史上,似乎已难加详说。但到了春秋时代,中国文化已经很明显的平摆在中国的大地面上了。有"体"便有"用"。试看当时齐、晋、秦、楚各国散居四方,而一般文化水准都很高,而且可说是大体上一色的。这就可见中国文化水准在那时早已在一个大地面上平铺放着了。我们不能说汉都长安,汉代文化就以长安为中心,再向四面发散。当时的长安,不过是汉代中央政府所在地,人物比较集中,却不是说文化就以那里为中心,而再向四周发散。所以中国文化乃是整个的,它一发生就满布大地,充实四围。而欧洲文化则系由一个中心传到另一个中心,像希腊传到罗马,再传到东罗马。因此西方文化可以有几个中心变换存在,而中国文化则极难说它有一个中心。我们很难说某一地点是中国文化的中心。因此西方文化可说它有"地域性",而中国文化则决没有地域性存在。许多地方,在历史中,根本没有作过政治中心,但始终在文化大体之内有其相等极高的地位。

这种比较,是从双方外面看,很简单很粗浅的相比较,而约略作为如此说。为什么我们要把西方文化来和中国文化如此相比呢?因为这一比,就可以看清楚我们自己的文化发展,到底是什么一个样子。

三

我现在想由外面形态转进一步,来讲中国文化的意义究竟在那里。上面说过,中国文化开始就摆在一个大局面上,而经历绵延了很长时期。这里便已包蕴了中国文化一种至高至深的大意义。在中国一部古经典《易经》说:"可大可久。"这是中国人脑子里对于一般生活的理想,也就是中国文化价值之特征。以现在眼光看,中国是世界之一国,中国人是世界人种中的一种。我们用现代眼光去看秦以前中国古人的生活,有些人喜欢说中国古人闭关自守,和外国人老死不相往来。这种论调,我们若真用历史眼光看,便知其不是。我们也很容易知道中国几千年前的古人,对于几千年后中国近人这样的责备,他们是不肯接受的。在古代的中国人，一般感觉上，他们对于中国这一块大地，并不认为是一个国，而认为它已可称为"天下"，就已是整个世界了。中国人所谓"天下"，乃一大同的。封建诸侯，以及下面的郡县，乃属分别的。

我们不要轻看当时那些封建的国，在它们都曾有很长的历史。像卫国，国土虽小，即是最后才亡于秦国的，它已有九百年历史。现在世界各国，除中国外，那一个国家传有九百年历史呢？其余像齐、楚诸国，也都有八百年左右的历史。在现在人脑子里，一个国有八百年历史，实已够长了。中国当时的四境，东南临大海，西隔高山，北接大漠；这些地方，都不是中国农业文化所能到达。《中庸》上说："天之所覆，地之所载，日月所照，霜露所坠，舟车所至，人力所通，凡有血气，莫不尊亲。"这像是秦代统一前后人的话。在当时，实在认为中国已是一个天下了。当时人认为整个中国版图以内的一切地方，就同是一天下，就同在整个世界之内了。在这整个世界之内，文化已臻于大同。至于在中国版图以外的地方，因为那时中国人的文化能力一时难及，只好暂摆一旁，慢慢再说。好像近代欧洲人，对非洲、澳洲和南美洲等有些地方，岂不也因为他们一时力量有限，还未能充分到达，便也暂搁一旁，慢慢再说吗？可见古代中国人心理，和近代西洋人心理，何尝不相似？只是当时交通情形比现在差得稍远而已。

在那时，中国已经成为一个大单位，那时只有中国人和中国。所谓中国，就是包括整个中国人的文化区域，他们以为这就已经达到了世界和天下的境界。"世界大同"，"天下太平"，这是中国古人理想中的一种人类社会。所谓"凡有血气，莫不尊亲"，这就是中国文化所希望达到的理想了。因此我们可以说，中国文化是"人类主义"即"人文主义"的，亦即"世界主义"的。它并不只想求一国的发展，也不在想一步步的向外扩张它势力，像罗马，像现在一般压迫主义、侵略主义者的西方帝国一般。惟其如此，所以使中国文化为可大。

以上只就中国文化观点笼统地来说。若要具体一点讲，可以举几个例。像孔子，他的祖先，是商朝之后宋国的贵族，后来逃往鲁国。但孔子一生，就并不抱有狭义的民族观念，他从没有想过灭周复商的念头。也不抱狭义的国家观，他并不曾对宋国或鲁国特别地忠心。他更没有狭义的社会阶级观念，他只想行道于天下，行道于全人类。所以孔子实在是一个人类主义者，世界主义者。又像墨子，我们不能详细知道他的国籍和出身，只知他一样是没有狭义的国家观和阶级观的。至于庄子、老子，那就更没有所谓国家观、阶级观了。

我常说，在战国时，学者抱有狭义国家观念的，总共只有一个半：一个是楚国的贵族屈原。当时很多人劝他，楚王既然不听你的话，你大可离楚他去。但他是一个楚国的贵族，无论如何不肯离开楚国。楚王不能用他，他便投江自尽。这可以说是一个抱有强烈民族观念、国家观念的人。另外半个是韩非。他是韩国贵族。他在先也有很强烈的国家观念，但他到秦国以后，意志就不坚定了，所以只能说他是半个。但我现在仔细想来，屈原是一个文学家，富于情感，他想尽忠楚王，被谗受屈，再往别处去也未必不再受谗受屈，因此他愤懑自杀了。我们该从他文学家的性格情感上来看，他也未见定是一位狭义的国家主义者。

如此说来，先秦诸子，实在没有一个人抱着狭义的国家主义。当时一般学术思想，都抱有一种"天下观"，所以说："身修而后家齐，家齐而后国治，国治而后天下平。"修身、齐家、治国，最后还是要平天下。这个理想，到秦始皇时代，居然实现，真成天下一家了。所以中国文化，开始就普遍的摆在一个大地面上，希望只要交通所达，彼此都相亲相爱，结合在一起。他们的最高理想，就是奠定一个世界大同、天下太平的，全人类和平幸福的社会。

这种世界观，又和西方耶稣教只讲未来天国，而不注重现实世界的，有不同。中国孔孟诸子，深细说来，他们并非没有宗教信仰。只他们所信仰者，在现实人生界，而不在求未来和出世。而春秋战国时代一般的想望，到秦朝时，已经算到达了。至于当时在四周的一些外族，一时不能接受我们文化熏陶，我们暂时且不理会。待他们能和我们处得来的时候，我们再欢迎他们进到我们疆界里面来，和我们一起过生活。因此那时虽还有化外蛮夷，但因中国那时的农业文化，还没有方法推进到沙漠、草原、高山等地带去，因于和他们生活不同，而于是文化不能勉强相同；没有方法来教他们也接受中国人所理想的生活和文化，则暂且求能和平相处便算了。

以上所说，只在说明中国在秦以前，是中国文化的第一期。在这期间，中国人已经确实实现了他们很崇高的理想。已经有了世界大同、天下太平的大观念，而且也已相当地有成绩。

四

到了第二期，秦、汉、隋、唐时代，政治武功，社会经济，都有很好的设施。秦朝统一天下，造成了一个国家一个民族的局面。这便已是现世所谓的"民族国家"了。换言之，秦时的中国，早已是相当于近代人所谓的现代国家了。秦以后，两汉、隋、唐，中国文化的最大成就，便是在政治和社会的组织方面。大一统的政治和平等的社会之达成，这便是汉唐时期的成绩。我们总觉得，中国到现在为止，学术思想方面还超不出先秦，政治社会方面还超不出汉唐。汉唐这一段历史，很难简单讲。如今不得已，姑且简说一些。

一般人往往说，中国过去是一个"君主专制"的国家。我认为称它是"君主"则诚然的，称它为"专制"，那就未免有一点冤枉。中国社会，自秦以下，便没有所谓特权阶级之存在。政府里面的做官人，并不是社会上享有特权的贵族。那么秦汉以下，什么样的人，才可以做官呢？用一句现在时行的话来说，什么人才可以参预政治呢？中国从汉以下，国民参政，均有一种特定的制度。汉制先入学校受教育，毕业后进入政府历练办事，做事务官，当时称做"吏"。待他练习实际行政有经验，有相当成绩，便得推举到朝廷，再经一度考试，才正式做政务官。至于官阶高低，则由其服官后成绩来升降。魏晋南北朝以下，此制有变动，但大体总有一制度。唐以后直到清代，便是有名的科举制。所以中国自汉以后，固然有皇帝，但并没有封建贵族。又并没有由资本家变相而来的财阀贵族。做官人都由民众里面挑选受教育有能力的人来充当,并在全国各地平均分配。东汉时,大概二十万户口中,可以有一人参政。直到清代,各省应科举的人,都规定录取名额,仍是照地域平均分配。单由这一点看,中国传统政治,早不是君主专制。因全国人民参政,都由政府法律规定,皇帝也不能任意修改。即如清代考试制度所规定的考试时日,两百几十年来也未曾更改过。所以中国的传统政治,实在不能说它是君主专制。

在这样一种政治情形下,便产生了中国特有的社会情况。春秋战国时,中国还是封建社会,分有公、卿、大夫、士、庶人等阶级,而且分得很清楚。秦以后,封建社会早没有了,那时本可有渐渐走上资本主义社会的趋势。求贵路的走不通,大家都朝着求富的路走,这本是极自然的。中国地大物博,也很适宜于经商发财。但一到汉武帝时,定出新法规,规定读书受教育的人才能做官,做了官的人就不能再经商做生意。而且规定有专利的大商业都由政府经管,人民经商所得税又抽得很重。在这种情形下,中国便走上了似乎近代人所谓的"统制经济"那一条路。这时候,封建制度推翻,私人经济又不能无限发展,而政府又定下考试制度来,规定国民有受教育经选拔得参政做官的权益。这种情形,在当时中国人心下,大家觉得很合理,因此封建社会去了,资本主义的社会没有来,大家在教育文化上着意努力,来实现修身、齐家、治国、平天下的理想;因此也不想再要求另一种出世的宗教,来求安慰;换言之,他们就可在现实生活中安身立命了。

但这样说来，诸位定会问，汉代制度既然如此好，当时生活又是这样合理，为什么汉代又会衰亡的呢？这问题急切不能详细答。这等于问，你今天身体健康，很强壮，为什么后来又会生病的呢？又好像问，你现在已经吃得很饱，为什么等一下还要饿，还要再吃的呢？这些问题，本可以不问，问了便牵涉得太远。但是我们总不免要问，汉唐时代的政治社会，既然这么合理，为什么如今却弄得这样糟？这问题，我再往下是要说明的。我们都知道，自汉末大乱以后，那时的中国人，便觉得这世界现实没有意义，政治不清明，社会不公道，一般人心都很消极悲观，便转而信宗教，信出世，希望来生；那便是当时新从印度传入中国的佛教。但为什么今天的中国人，环境生活如此坏，但又不像魏晋南北朝那样消极呢？这因现在人觉得有外国人可靠，还像有办法。从前希望在来世，现今希望在国外。因此现在中国人崇拜了洋人，却不易信宗教。如果我们有一时真觉毫无办法，那就只有信宗教求出世了。所以魏晋南北朝以下，信佛教的人特别多；直到唐代统一盛运再临，才又恢复过来，再走上现实人生的大道。

汉唐两代的情形，现在不能详说。大概宋代以下中国的社会与政治，都逃不出汉唐成规。因此我们普通多说，宋代以下的政治和社会，好像没有什么长进了。但我们并不能因为汉唐的学术思想超不出先秦，便说汉唐没有长进。因为在先秦时代，孔子孟子一辈圣贤，都已将人生理想讲得很高深，以后实在很难再超出。问题只在如何般去求实现。汉唐的成绩，在能依着先秦人理想，逐渐做去，把那些理想逐步表现出来。那实在也是了不得。中国古人的理想，像先秦百家所提出的，本来已很高，很完美。

直到今天，依然未能超过它们。这不能因此便说中国不长进。我们现在所谓汉唐不如先秦，大概是指的学术思想方面言，说汉唐时代依然跑不出先秦学术思想的范畴。但我们要是进一步来说，先秦人的思想虽高，可是只存空言。而秦以后汉唐诸代，却确在依着它实干，使先秦人的思想逐渐在社会上实现。直到宋以下，政治社会，一切规模，都逃不出汉唐成规。这便不好不说是汉唐时代的进步了。在这里，我敢大胆说一句，今后中国的政治社会，恐怕依然逃不掉汉唐规模。如政治的一统性，社会的平等性，便是汉唐的大规模。

五

现在我们再说，汉唐诸代，建下了平等社会和统一政治的大规模，那时候的社会政治，比较先秦是很有进步了。政治清明，社会公道，国家富强，人生康乐。在这种环境下，一般人又将想些什么呢？出世的宗教追求，打不进他们的心坎。这时候，中国人对人生最高理想，便把来放在如何发展各自的个性这一问题上。中国社会自始便懂得顾全大体，最注意大群生活。但顾全大体，侧重大群生活，并不一定要牺牲个人的。而所谓个人幸福，在中国人心中，主要是在各个人个性的发展上。上面说过，中国文化，自始就在一个大范围之下平铺着。待这一个大范围安排妥帖了，便想进一步，在此大范围之内，来要求各个人的个性之如何而可以尽量发展。中国人并不嗜好武力，也不贪求财富。因中国人也懂得，武力与财富，尽是外皮的，并不即是人生的真内容真幸福。因此中国的政治社会发展到某一阶段，便再进一步来期求各人内在个性的发展。个性发展的真实表现，一般说来，最主要的是在文学和艺术。其实文学亦即是艺术之一端。那时天下太平了，人的精神便用到生活享受和生活体味上。这就是文学和艺术的任务了。

两汉时代，中国经过了四百年长治久安的时期，那时已渐渐开始讲究到文学和艺术。但后来国运中衰，遇到魏晋南北朝时代的混乱，局面未能安定；于是把当时人要走的路，临时又中断了。一到唐朝，社会又渐渐安定，于是文学艺术再度发展。所以说，学术思想最灿烂的时期，是在秦以前。政治社会最理想安定的时期，莫过于汉唐。而文学艺术的普遍发达，则在唐代开国以后。这是中国文化史演进三大历程，值得我们郑重提出，来加以证明与阐述。

唐以前的文学，大体说，可分两大类：一类可说是"贵族的"，另一类则可说是"宗教的"。艺术也是一样，那时也只有"贵族艺术"和"宗教艺术"之两大类。姑举实例言之。如图画在唐以前，大概多使用在王宫或庙宇。建筑亦然，大建筑也只是王宫或庙宇了。这都只可算是贵族的和宗教的。又如汉代文学，像司马相如《上林赋》、《子虚赋》之类，那便是我所谓贵族文学之好例。而像屈原《九歌》之类，则是宗教文学之好例。到唐代开国以后，中国的文学艺术，才逐渐由贵族的、宗教的普遍解放而转化为日常平民的。我们以整个中国文学史来说，唐兴以来才是平民文学的时代。以整个中国艺术史来说，唐初才有平民艺术之生长。我觉得唐代文学艺术境界，像杜工部的诗，韩昌黎的散文，颜真卿的字，吴道子的画，这都是和先秦、孔、孟诸子的学术思想一样，同是达到了一种超前绝后至高无上的境界。若说秦汉以下，中国不再出孔、孟、庄、老，便认为是中国历史不进步；则试问如杜、韩、颜、吴，他们的诗文字画，以前何曾有过？这不该说中国历史仍在进步吗？当知中国文化之特别伟大处，并不在推翻了旧的，再来一套新的。而是在一番新的之后，又增添出另一番新的。以前的新的，不仅不须推翻，而且也不能推翻；而以后仍可有另一番新的兴起。而以后的另一番新的，仍然有价值，仍然是不可能推翻的。那才见中国文化之真实伟大处。

现在要问，为什么中国的文学艺术，要到唐以后才普遍发展呢？这因汉唐时代，政治社会虽都有很显著的成就，但是在那时，还是有变相的贵族之存在；须到宋以后，连变相的贵族也根本没有了。说到大门第，宋代只有韩、吕两大姓，但也不好说他们是贵族。其他著名人物，都是道地的从平民社会出身。宋、明两代，中国社会上，始终不再有贵族，不再有特殊阶级。只有元、清两代的部族政权，我们不妨说，那时的蒙古人和满洲人，是中国社会里的特殊阶级。但这并不是中国传统文化之向前演进所希望到达、应该到达的。换言之，那是一种外力压迫而强之使然的。

若论社会经济，宋以后，却一天天的继续发展。唐朝还用布帛做货币，宋代则已经用钞票。可见唐以前社会经济还不很活泼，宋以后就更见活泼了。但这里有一更值得我们注意的问题。在唐以前，中国社会还不免有贫富悬殊；而宋以后的社会经济，却反而更趋向于平等了。经济更活泼，而财富更平等，这不是一件极可注意研讨的事吗？这里便可见中国文化演进之大趋向及其大意义所在。可惜我们此刻，对此问题，不能细论。姑从浅处说。

中国社会本来从事农业的家庭多，但他们对于子弟，总希望能读书，求仕进。无论那一个家庭，如果只有一个儿子，那么他自然要操作生产，没话说。但如果有两个儿子，便可想办法，哥哥多做些事，让弟弟空些时间来读书。如果有三个儿子，他们更可设法让小弟弟空出整个时间来读书。因为读书接受了高等教育，便可参加政府考试，希望进入政府做大官，于是扬名声，显父母，光大门楣。这也是中国人喜欢多生儿子的一原因。只要家庭里有受教育的读书人，就有出身做大官的希望。但是做大官人的家庭，往往三四代后便中落。这因做了大官，获得高俸厚禄，就可以不虑衣食，子弟们都可读书，不必再从事生产劳作，像是很理想。但中国的考试制度，是永远开放，永远允许着尽量竞争意味的。于是那家庭，经历几代后，如果考试不如人，不能进取，也就无路可退，只有重转入贫落的行伍中。所以宋以后的社会，许多达官贵显，不过三四代，家境便中落了。这一现象，永远地存在，直到晚清。如曾国藩家书中，还是常常劝子弟一面读书，一面仍要不忘耕作。因为唯有如此，才是可进可退的良策。于是宋以后的中国人，才始终维持着一种务农为主的经济，常使社会平等，不再有阶级悬殊。而读书人则愈推愈广，数量也愈增愈多，学术风气也益形发展。试问那样的一个社会，不在武力上财富上无限向前，而只在教育上文学艺术上不断进步，是不是可说为一种比较更合人性、更近理想的一个社会呢？

此外还有一情形，这就是宋以后，宗教信仰渐次淡薄了，那又是什么原因呢？

第一，宋以后的中国，已真有了平民教育。而魏晋南北朝时代，则教育限于门第，未能普遍到民间。因此当时只有达官贵人的子弟，才受到教育。普通百姓人家，如要读书，往往去到寺院或庙宇里。待他们走进寺院庙宇，自然易于接受宗教信仰。宋以后，教育普及，书院极普遍，读书再不必跑进寺院庙宇，因此宗教的魔力也就自然减少了。

第二，中国的艺术文学，在其本质上，就可以替代宗教功用。这一层说来极微妙，很难说，但仍不妨姑且浅略地说。上面说过，宋以后的文学艺术，都已平民化了，每一个平民家庭的厅堂墙壁上，总会挂有几幅字画，上面写着几句诗，或画上几根竹子，几只小鸟之类，幽雅淡泊。当你去沉默欣赏的时候，你心中自然会感觉到轻松愉快。这时候，一切富贵功名，都像化为乌有，也就没有所谓人生苦痛和不得意。甚至家庭日常使用的一只茶杯或一把茶壶，一边总有几笔画，另一边总有几句诗。甚至你晚上卧床的枕头上，也往往会绣有诗画。令人日常接触到的，尽是艺术，尽是文学，而尽已平民化了。单纯，淡泊，和平，安静，让你沉默体味，教你怡然自得。再说到房屋建筑。只要经济上稍稍过得去的家庭，他们在院子里，往往留有一块空地，栽几根竹子，凿一个小池，池里栽几株荷花，或者养几条金鱼。这种设置，看来极平常，但使你身处其间，可以自遣自适。这里要特别提醒大家的，如我上面所说，日常家庭生活之文学艺术化，在宋以后，已不是贵族生活才如此，而是一般的平民生活，大体都能向此上进。这不能不说是宋以后，中国社会宗教要求冲淡之另一个原因。

在中国人的文化传统下，道德观念一向很看重。它要负修身、齐家、治国、平天下一番大责任，它要讲忠孝、仁义、廉耻、节操一番大道理。这好像一条条的道德绳子，把每个人缚得紧紧，转身不得似的。在西方则并没有这么多的一大套。他们只说自由、平等、独立，何等干脆痛快。中国人则像被种种道德观念重重束缚了。中国人生可说是道德的人生。你若做了官，便有做官的责任，又不许你兼做生意谋发财。做官生活，照理论，也全是道德的、责任的。正因中国社会偏重这一面，因此不得不有另一面来期求其平衡。中国人的诗文字画，一般文学艺术，则正尽了此职能，使你能暂时抛开一切责任，重回到幽闲的心情、自然的欣赏上。好像"采菊东篱下，悠然见南山"这种情景，倘使你真能领略欣赏的话，似乎在那时，你一切责任都放下，安安闲闲地在那里欣赏着大自然。中国的艺术文学，和中国的道德人生调和起来，便代替了宗教的作用。

我们把此看法来看西方文学和艺术，便觉得不然了。你若感觉到生活烦闷不舒服，试去看一场外国电影吧。你的目的本在消遣解闷，可是结果反而会更增加了你的烦闷和不舒服。因为西方的文学与艺术，都是富刺激性的，都像是在鞭策你向前走，指示你一个该向前争取的目标；在批评你的当下生活，批驳得你体无完肤。西方的文学艺术因比较富刺激性、鼓励性、鞭策性，它要你拼命向前走；待你碰到壁，闯到了一鼻子灰，那你只有进教堂,哀告上帝,上帝会安慰你。这是中西双方文学艺术内在性格与其社会使命之不同。可惜此处不能再详说。

总之,中国在宋以后,一般人都走上了生活享受和生活体味的路子,在日常生活上寻求一种富于人生哲理的幸福与安慰。而中国的文学艺术,在那时代,则尽了它的大责任大贡献。因此在唐以前,文学艺术尚是贵族的、宗教的,而唐兴以来则逐渐流向大众民间,成为日常人生的。因此,中国文化在秦以前,造成了人生远大的理想。汉唐时代,先把政治社会奠定了一个大规模。宋以后,人们便在这规模下享受和发展。这就是文学和艺术到那时才特别发达的缘故。

六

如果没有外来侵略,我们如上述的这一种富于哲理的日常生活的享受和体味,当然是很舒服。中国人的理想人生实在并不错,错的只在他的世界主义上。要真实表现出中国人的理想人生,则非真达到世界主义的路程上不可。但中国人自始就自认为中国已是一个大世界。中国文化在此一点上走过了头,使它和现实的世界脱节,不接头。宋明以下的毛病,就出在这上面。倘若外面没有蒙古人,没有满洲人,那么宋以下中国人的生活,自然可以说安排得很有意味了。可惜那一番安恬的美梦,给蒙古满洲阵阵暴风烈雨打破了,惊醒了。但为什么魏晋南北朝时代,外人入侵,我们可以抵抗;而宋明两代外人入侵,我们就没有办法呢？这因为魏晋时代，中国社会上还是有变相贵族之存在；他们在地方上拥有大产业，属下有大群民众，他们一号召，总可有几千几万人跟从附和，这样就可独自成为一个力量了。我们现在则称他们是"封建势力"，似乎封建势力总是要不得。但社会上有一个一个的封建势力摆布着，外族人自然吃不消。宋明两代的社会，则没有这种特殊势力了。那么外族一来，只击败了你的上层中央政府，下面地方就没有办法可以再抗拒。正因这时候，中国社会上的封建势力早已消失，而像近代西方社会的资本主义新兴势力并未在中国社会上兴起。那么那时的中国民众，就没有方法组织成力量。人民既然毫无力量，那只有依靠政府。政府倒台，人民自然就没有办法了。

顾亭林先生在明亡后，想从事革命，走遍全国。有一次，他到山西西南部的闻喜县，看见一个很大的村落，名叫裴村，里面几千人家都姓裴。他们直从唐代遗传下来，还是聚族而居的。因此亭林先生便回想到唐朝时的宗法社会还是有力量，此下这力量便逐渐没有了。那时中国的文学和艺术，也只是平民的，只是日常人生的，只是人生的享受和体味。从另一意味讲，那都走上了消极的路，只可供人生安慰消遣。而中国社会，一般说来，又是一个真实平等的社会，便不易发挥出力量来。宋以后，中国国势的一蹶不振，毛病就在此。

到现在，中国文化史的第四期正在开始，我们应该再努力鞭策向前。怎样鞭策呢？

第一，要恢复中国固有的道德。这就是上述的修身、齐家、治国、平天下，忠孝、仁义、廉耻、节操那一番大道理。

第二，应使中国社会发挥出现代力量来。如今既不能回头再恢复封建制度，又不能迈进入资本主义的商业社会，究竟应该怎样团结来发挥出力量呢？我们若没有力量，便不能对付当前世界的其他民族。

第三，中国自古即以农工并重，商业亦随而鼎足称盛，只不许有如西方商业资本主义之产生。像蒙古、西藏、南洋这一些地方，只要他们不是农工社会，我们的文化力量就难运使；则我们所理想的世界主义，便永难达到。中国应该走进一步，还要加强工业。这样一来，中国的文化，庶可再进一步达到他原先所理想的境界。

《中庸》上曾说："能尽其性，则能尽人之性。能尽人之性，则能尽物之性。尽物之性，则可以赞天地之化育。"西方的现代文明，可谓在工业上比中国更走进了一步，主要则在其科学上。但他们的科学只求"尽物性"。中国自春秋战国到汉、唐、宋、明各代，可说是注重在求"尽人之性"。若要进一步"尽物性"，就得学西洋，在他们的科学上努力。但不能求尽物之性而忽略了尽人性，又如近代西洋般走上了另一偏径。则试问如何能在中国固有的理想之下，采用西方的科学，像我上面所说，又在以前的新上再加一番新？这个问题，很难用几句话来解答，而真问题则便在这上面。

中国的社会，只要西方科学加进来，一切自会变。但问题在如何不推翻中国固有的传统。有人说，若中国人不推翻以往旧社会旧传统，便加不进西方新科学。这话是真的吗？中国人想学西方人新科学，历时已将超百年外，为什么总是学不上，这究竟是什么原因呢？还是中国文化已经老了，不再有上进的希望？还是中国文化不宜于加进西方的新科学？就逼得它非全部推翻旧传统不可吗？其实问题都不在这上面，只因为中国目前的政治社会一切情形太腐化。普遍讲中国史的人，往往说自鸦片战争、五口通商以后，西方势力东渐，中国的国势便每况愈下了。其实这种看法也是错误的。要是英国人不来中国贩鸦片，不引起鸦片战争，没有五口通商，难道清代政权还可以永远维持下去，中国还会永远太平吗？实际上中国社会，自乾隆末年以后，状况已极坏。就是外国人不来，中国内部的腐化，也逐渐会曝露。自从乾隆末年到嘉庆一朝，已经不断有内乱，从此爆发出太平天国。其主要原因，实在内不在外。不在五口通商，而在朝政有病。这已告诉我们，那时中国的政治和社会，根本已经彻底败坏，非经一番大改革不可了。中国社会既已在极度动荡之下，外力入侵，我们自然不能对付。若我们在最近这一次抗日战争胜利后，中国能获得一和平休养的机会，那么十年二十年后，中国也许可以有办法。我们并不能因为中国接受西洋科学文明已经有百年以上的历史，至今无所成就，就对中国的传统文化表示笼统的悲观。

吾尝谓中国文化乃是"艺术性"的，而西方则是"科学性"的。但中国亦非无科学。即如数学与医学，中国皆远古即有传统。惟中国医学亦偏艺术性，及从人身生理学上发明演进。而西方医学，则从人体物理学上发明演进。彼此大不同，但究竟同是一科学。又如枪炮火药，亦最先发明于中国。但中国人不愿在此上继续有发展，乃改为爆竹与烟火；而枪炮则由西方人传去，不断继续发明，以有今日之核子武器，所以今日中国要学习西方近代科学，亦得深具中国自己传统之艺术化，把中国传统文化来参加在学习中，为人生艺术增添进新的一番现代中国化才是。换言之，并不能说中国添进了西方科学化，只应说中国复兴了原有科学化。如此则更不易有病。

中国今后出路，只要政治有办法，社会有秩序。要政治清明，社会公道，把人生安定下来，则西方科学文明并不是不可能接受。而说到政治清明和社会公道的本身，那就是我们自己内部的事，这些却不能专去向外国人学。好像花盆里的花，要从根生起。不像花瓶里的花，可以随便插进就得。我们的文化前途，要用我们自己内部的力量来补救。西方新科学固然要学，可不要妨害了我们自己原有的生机，不要折损了我们自己原有的活力。能这样，中国数千年文化演进的大目的，大理想，仍然可以继续求前进求实现。

　　本文为民国三十年冬，作者在重庆中央训练团的讲演稿，曾收载《国史新论》中。作者生前自言本文为《中国文化史导论》的总纲领，特于本书再版时，秉其初衷，将之移归本书，以求完整。

台湾商务印书馆编辑部谨志

补　跋

一

本书成稿后五年，获读美国耶鲁大学诺索洛（F. S. C. Northrop）教授所著《东西相会》(*The Meeting of East and West*)一书，其论西方文化，谓西方人所谓之知识，不论为科学，为哲学，或为宗教，皆非纯粹自经验所得之知识，亦即非全由直接感觉所供给之知识。其为知识，实有超乎直接经验之外者。换言之，西方知识，乃一种悬拟或假设，而非纯粹事实或事实之积聚。因此其知识必多于事实，必有为事实所不能完全证明之部分。惟其知识有不能纯由人生经验证实之部分，故西方人乃不敢视知识为久远不变，为永真无误。因此西方知识有其冒险性与可变性，或创新性。西方人之天才与光荣，实由怀黑德教授所谓"观念之冒险"所构成，故西方人在政治、经济、宗教及艺术上之价值学说，及建筑于其上之各种文化，在西方历史上亦有如此多之分化与重造。诺氏又谓，东方知识则必以直接经验所得，或直接会证所得者为本，其知识来源全恃经验或直觉。西方知识虽亦始乎经验，且藉经验而征实，但西方人将知识表达于有系统之语言文字中。东方虽亦同有语言文字，却不认语言文字为即是知识。此种差别，正由西方人偏重事物中非直接经验所能得之理论成分，此乃人生外面事物之共相，比较固定不变，因能为固定概念或抽象之语言文字所表达。东方人所重视者，乃某几种事物中必须直接经验始能被知之美感成分。此种成分，任何语言文字均不能表达之。此乃一种不可言说之成分，东方文化如中国与印度，均以此种成分之认识与理解为基础，其伦理、宗教、艺术，亦悉建筑于此种基础之上。故东方人所研究者，大部分为事物中之美感成分。而西方人所研究者，则大部分为事物中之理论成分。东西文化差别即在此。惟其重视美感成分，或直觉之知，故常视直觉所得为确定，其态度较为武断，亦较固执或保守。东方科学之所以不发达，其文化之所以缺少进步全在此。

以上撮述诺索洛氏书中大意。窃谓此说与鄙见有相似而亦有不同。诺氏只就自然科学着眼，自然科学之一切知识及其方法，偏重于推概，即以一抽象之概念或形式，从理论上演绎引伸推概及于一切。故诺氏谓其常超乎直接经验之外，常易变动。而中国人一向所重则偏在人文科学之具体而综括的方面，其知识不能由抽象概念推演引伸而来。故中国人认语言文字不即是知识。语言文字最多只能传达知识，决不能由语言文字之形式演变中获得知识。故西方人之所谓"逻辑学"，中国古代之所谓"名家"，在中国文化思想史上不能占重要之地位。此层亦与余所论中西双方地理背景有关系。

西方文化乃由一小地面酝酿成熟，推扩以达四围。正犹其知识之获得亦由一抽象之点或线，向外引伸推概以造成一有系统之理论，用此以侵入其前所未知之部分。中国文化则由一大地面融和凝结，向内充实，而非向外展扩，其知识之获得，亦同样为全体之综合与会通，而非由某一点或一部分直线引伸推演扩大。因此西方文化常易发生变动与冲突，中国文化则常见其较为稳定与融洽。西方人常以其理论所得之知识领导人生冒险向前，中国人则将此人生投入大自然中，求其适应协调。故本书认中国文化之趋向，为一种"天人合一的人生之艺术化"。与诺氏所分析，着眼稍有不同，其大体上则颇可借诺氏之意以阐吾说，故附录于此，以备参证。

二

上面说的是中国人和西方人面对外界的兴趣不同，西方人似乎偏好向自然科学的范围探究，中国人则似乎偏好在人文科学的圈子里用心，因此双方所运用的求知识的方法及其积久养成的心习，亦显有差异。

西方人的知识，大都由推概得来。此种推概而得之知识，常易超乎直接经验之外，其出发点常为一种悬拟或假设，直线引伸，愈推愈远，既非纯粹自实际经验所得，亦不能为实际经验所全部证明。此种知识，其先固亦有一部分经验为基础，但此后则知识自为引伸，与经验渐歧渐远。此种知识乃一种逻辑性的理论的成分，超过了人生实际经验之外，故常带有一种冒险性。西方文化所以见为常进取常变动，而且常易有正反极端之冲突与改革者在此。

至于中国方面，因其一向偏重在人文科学一边，故其对于知识之获得，常重人生实际经验之综括与会通，往往看不起抽象的由一个概念演绎引伸或偏于形式方面的逻辑和理论。因此中国人之思想，似乎只像是一种纪录，具体而综括的纪录。他们既看轻了知识中之逻辑的理论的成分，因此也不易发展有长幅的有系统的纯思辨式的语言和文字。

这一个分异，同样也可由中西双方地理背景上的相异来作说明。西方文化乃由一个小地面酝酿成熟，遂向外推广以及其四围，正犹其知识之获得，亦由一抽象的点或线，作为根据，向外引伸以造成一有系统之理论，再从此侵入其所未知之部分，他们的内心求知及其文化进动，正是同一形态。再说到中国，他的文化演进乃由一大地面融和凝结，向内充实，而非向外扩张。其知识之获得，亦同样为全体之综合与会通，而非由某一点或某一部分直线引伸向外侵略。因此西方文化，常以其在某一点上所得之理论或观念领导人生冒险向前。中国人则主张将此人生投入大自然中求其适应与协调。在西方文化中，因此有基督教与近代自然科学，而中国文化之趋向，则永远为一种"天人合一的人生伦理之艺术化"。此种心理差异，乃至演成文化分别。

若如上节所述，乃由人类对于天地间种种智识之一个长序列之某一端即自然科学之基本数学与几何，至此序列之别一端即人文科学之文化哲学之相差而形成。则此后把捉到此一长序之全体，此种差别自仍可调和融通，不相背害。而此种把捉此一长序列之全体而调和融通之的工作,实又与中国传统心习相通惬。因此作者认为中国文化之演进,尽可采取西方物质自然科学之一切成就而不致摇动其本己之传统。

一九八七年作者整理旧稿时获此四十年前笔记两则,
今重版此书补刊于后